혼란에 빠진 자신을 바로잡기 위한

내부 갈등 해결하기

Jay Earley 저

최태산 · 이성용 · 기채영 · 박지현 · 조미정 · 조정숙 공역

학지사

역자 서문

• • •

칠순이 넘어서도 여유로운 아름다움을 젊은이들에게 보여 주신 이성용 선생님, 두 아이의 엄마이면서도 임상과 연구에서 지치지 않는 열정을 보여 주셔서 후배들에게 귀감이 되는 조미정 교수님, 순수한 영혼으로 주위 사람들에게 편안함을 주는 진정한 좋은 사람 기채영 박사, 한결같이 학문에 대한 진지한 열정을 보여 주는 미래의 유식학자 박지현 선생님, 그리고 인간에 대한 무조건적 사랑과 열정으로 많은 이들에게 따뜻한 치유의 손길을 내미는 천수천안 조정숙 선생님. 이처럼 참 좋은 사람들과 함께 인간에 대한 깊은 심리학적 사유를 함께할 수 있다는 것 자체가 축복이고 행복이었습니다. 이처럼 귀한 분들과 호흡을 함께하며 컴퓨터 학자이며 임상심리학자인 Jay Earley 박사의 『Resolving Inner Conflict』의 번역작업을 한다는 것은 '놀이' 그 자체였습니다. 살아있다는 것 자체가 내부 갈등의 역동을 반영하는 것이고 결국 심리적 안정과 조화로움을 통해 마음의 평화를 얻는다는 것은 내면갈등에 대한 완벽한 이해와 수련의 이야기기 때문에 이 책은 상담을 공부하는 사람들과 일반인들에게 도움이 되리라 믿습니다. 특히 컴퓨터 학자이기도 한 Jay Earley 박사의 내부 갈등에 대한 명쾌하고 체계적인 설명이 다음 책을 기다리게 할 것이라 믿습니다. 정말 사랑하고 존경하는 귀한 박사 제자 선생님들과 함께 한 행복한 추억여행이었습니다. 함께 해 주셔서 진심으로 감사드립니다.

– 최태산

　동신대학교 대학원 박사과정에서 상담심리학을 공부하면서 최태산 교수님의 지도로 Jay Earley 박사의 방대한 작업을 발견하고 심취하였고, 여기에 같은 관심을 가진 여러 선생님들과 함께 『Resolving Inner Conflict』를 읽고 토론하면서 번역 작업을 했던 시간이 너무나 소중하게 남아 있습니다. "저자의 의도를 손상하지 않으면서 내용이 잘 전달되도록 번역하고 다듬는 작업은 쉽지 않았고 여전히 아쉬움이 남습니다."라는 기채영 선생님의 말처럼 아쉬움이 남는 어려운 작업이었지만, 여러 선생님과 함께 공동 작업을 하면서 저자의 의도를 조금이라도 더 정확하게 전달하기 위해 노력했습니다. Jay Earley 박사는 이 책에서 인간 정신세계의 중요한 국면인 내부 갈등의 해결을 위한 효과적인 접근 방법을 제시하고 있습니다. 심리적 상처에 접근하고 치유하기를 원하는 독자, 일상생활의 문제를 가지고 있거나 또는 영적 성장을 원하는 독자들이 이 책을 통하여 도움을 받게 되기를 바랍니다.

– 이성용

이 책은 IFS(내면가족체계) 모델을 기초로 하여 풍부한 사례와 쉬운 설명을 통해 여러 유형으로 내면의 양극화된 부분들을 소개합니다. 나아가 수용적인 태도로 각 부분의 소리에 귀를 기울이고 접촉을 시도하면서 갈등이 해결되는 과정을 생생하게 보여 줍니다.

저자의 의도를 손상하지 않으면서 내용이 잘 전달되도록 번역하고 다듬는 작업은 쉽지 않았고 여전히 아쉬움이 남습니다. 그렇지만, 역자 자신의 양극화적 갈등을 알아차리고 작업하는 데 중요한 배움의 기회가 된 것에 대해 매우 기쁘고, 역자로서 함께 격려하고 힘을 주셨던 동료 선생님들께 감사드립니다. 이 책이 내면의 양극화된 갈등 속에 살아가는 우리들에게 갈등을 통합적으로 이해하고 해결하는 데 도움이 될 것을 기대합니다.

– 기채영

빛이 있으면 반드시 어둠이 함께하듯, 우리의 내면도 생존과 적응을 위해 어느 한 부분을 강화시키다보면 그에 상응하는 소외된 부분을 함께 강화시키게 됩니다. 마치 빛이 밝을수록 그 그림자가 진해지는 것처럼 말입니다. 이것이 바로 우리 내면에서 일어나는 양극화 과정이 아닐까 싶습니다. 내 안의 양극화를 이해하고 만나는 작업은 내면의 균형감각을 되찾는 일이라고 생각합니다. 내면을 바라보는 또 하나의 방법을 제시해 주는 이 책은 의인화되고 잘 분류된 양극화 쌍으로 이루어진 부분들을 활용하여, 내면의 역동을 손에 잡히듯 명확하고 구체적으

로 볼 수 있도록 돕고 있습니다. 이를 통해 그 부분들을 화해시
키고 부분들에 대한 통제감을 발휘함으로써, 무의식적으로 나
를 조정하는 부분들의 영향력에 휩쓸리지 않고 진정한 나 자신
으로 존재할 수 있는 구체적인 방법들을 제시해 줍니다. 내면
가족체계 모델을 먼저 발견하시고 좋은 책들을 소개해 주신 이
성용 선생님, 바쁘신 와중에도 열정적으로 함께 공부하고 번역
작업을 함께해 주신 역자 선생님들 그리고 각자 다양한 재능을
간직하신 선생님들을 하나로 연결해 주신 최태산 교수님께 특
히 감사의 마음을 전합니다. 이렇게 연결된 고리에 제가 한 부분
으로 함께 할 수 있다는 것이 저에게는 소중한 경험이었습니다.
마지막으로 이 책이 마음을 이해하고 마음의 문제를 해결하고자
하는 이들에게 새로운 통찰을 주고 책 곳곳에 제시되는 내적 갈
등을 해결하는 방법들이 쉽게 활용될 수 있기를 기대합니다.

– 박지현

　한 인간이 성장한다는 것은 깊은 내·외적 심리적 긴장과 갈
등, 다양한 환경과 마주하며 겪어야만 하는 적응과 여기서 비롯
되는 불안 그리고 자신의 존재감을 증명하고자 하는 처절한 몸
부림이라 할 수 있습니다. 그래서 더욱더 보호자인 부모는 자
녀가 독립된 인격체가 될 때까지 사랑과 존중으로 기다리고 인
내하며 함께 해야 합니다. 하지만 현실은 발달과정 속에 해야
할 모든 과업을 접어둔 채 학습 위주의 과잉교육만 강조하고 있
습니다. 이런 불균형과 부조화는 우리 마음속에 다양한 심리적

유배자들을 만들어 냅니다.

이런 안타까운 현실을 진지하게 고민하던 동료들과 함께 심리적으로 힘들어하는 이들을 돕기 위해 마음을 모아 최태산 교수님의 권유로 공부를 시작하였습니다. 일흔이 넘은 부모님 같은 이성용 선생님이 기꺼이 좌장을 맡아 주셨습니다. 큰 오빠라 불리길 바라시지만 파티맨이시고 우리의 우상이셨습니다. 아직도 폭설이 내리던 어느 날 멀리 땅끝 해남에서 손수 차를 몰고 오셔 밤새 번역한 자료를 내놓고 연구와 번역작업을 진행하신, 해진 청바지보다 더 젊은 열정을 기억합니다. 그 순수한 선생님의 열정과 몰입에 바쁜 일정을 핑계로 번역자료 수정 없이 부끄러워하고 놀라고 설레던 그 순간들을 생각만 해도 행복합니다. 이 책을 통해 많은 상처받은 유배자가 분리와 융합을 통해 더욱더 성장하는 계기가 될 것입니다. 특히 많은 부모와 교사 그리고 임상가들에게 쉽게 적용하고 실행할 수 있어 큰 도움이 되리라 믿습니다.

마지막으로 이렇게 좋은 사람들과 함께 할 인연을 주신 산타 최태산 교수님, 나이 듦의 아름다움을 보여 주신 이성용 선생님, 놀이치료의 바쁜 일정 속에서도 함께 해 주신 기채영 선생님, 유식의 깊은 바다에 빠지신 지혜 박지현 선생님, 무용동작치료사의 순수한 뜨거움 자체인 조정숙 선생님에게도 특별히 고마운 마음을 전합니다. 이 인연을 계기로 남은 여생동안 이 아름다운 사람들과 추억하고 함께 할 수 있음에 저는 행복합니다.

– 조미정

　　양극화의 시작은 '살아있음' 자체라는 생각이 듭니다. 한 아이로 태어나 어렸을 때 경험의 결과로 자신만의 색깔 필름이 형성되는 것 같습니다. 그렇게 우리는 과거에 형성된 색깔 필름으로 자신과 타인 그리고 상황을 보고, 듣고, 느끼고, 생각하고 행동합니다. 자신의 양극화를 있는 그대로 바라볼 때 비로소 우리는 양극화의 굴레에서 벗어날 수 있는 자유를 얻을 수 있을 것입니다. 저의 지도교수님이신 최태산 교수님께서는 머릿속에 저장한 심리학 이론을 늘 새롭고 낯선 현장에서 실행으로 옮기는 것을 매우 중요하게 여기시고 수련시키시는 것 같았습니다. 생생한 현장 속에서 자신이 느꼈던 경험들을 함께 나누면서 분리된 자신을 발견하고 조화를 이룰 수 있는 과정을 연결해 주셨습니다. 그 소중한 경험은 저의 온몸 구석구석에 저장되는 것 같았습니다. 수련과정 중 저는 번역이라는 새롭고 낯선 작업을 경험하게 되었습니다. 첫 작업이기에 불안, 두려움의 시간이었지만 퇴행하는 후배를 끝까지 포기하지 않고 기다려 주시고 함께할 수 있도록 깊고 넓은 배려와 사랑을 주신 최태산 교수님, 이성용 선생님, 조미정 선생님, 기채영 선생님, 박지현 선생님께 감사함을 깊이 느낄 수 있는 소중한 시간이었습니다. 저의 인생의 소중한 한 페이지를 만들어 주신 최태산 교수님과 선배님들께 감사의 인사를 드립니다.

- 조정숙

저자 서문

...

이 책은 주로 내면가족체계(IFS) 치료자들과 수련생(practitioners) 들을 위해 저술되었다. 이 책은 인간 정신세계(psyche)의 하나의 중요한 국면인 내부 갈등에 대한 효과적인 접근 방법을 제시하고 있기 때문에 IFS와 친밀하지 않은 치료자들에게도 유용할 것이다. 그리고 당신이 치료자가 아니더라도 나의 저서 『Self-Therapy』를 먼저 읽었다면 IFS와 당신 자신에 대한 작업을 어떻게 할 것인가에 대한 이해를 넓혀 줄 것이다. 『Self-Therapy』는 IFS 모델의 기본적인 것들을 다루고 있다. 그 책은 치료자들과 일반인들이 다 사용할 수 있는 IFS 모델의 매뉴얼이다. 그러나 그 책에는 양극화에 대한 IFS의 중요한 작업이 포함될 여유가 없었다. 이 책이 그러한 상황을 보완해 준다.

내면가족체계 치료는 지난 10여 년 사이에 국내와 전 세계로 급속하게 퍼진 첨단 심리치료 방법이다. 이는 첨단 개척 심리학자인 슈워츠의 특징적인 연구 결과다. IFS는 깊은 심리적 상처들에 접근하고 치유하는 데 아주 강력한 접근 방법이다. 이는 특히 트라우마(Trauma)에 특별히 효과가 있었고 트라우마

전문가들 사이에 IFS에 대한 관심이 증가하고 있다. IFS는 또한 일상생활에 문제가 있거나 영적 성장을 원하는 내담자들을 돕는 데 매우 효과적이다.

슈워츠는 원래 가족체계 치료자였다. 자신의 내담자들의 내부 세계에 대한 작업을 시작한 그는 (자신이) '부분'이라고 명명한 하위 인격체들을 만나게 되었다. 그는 내담자들이 가진 부분들이 그가 가족들에서 확인한 것과 유사한 체계들 내에서 서로 다른 부분들과 연관되어 있음을 알아차리게 되었다. 그래서 그는 '내면가족체계 치료(Internal Family Systems Therapy)'라고 명명했다. IFS는 사용자 편의주의다. 내담자가 개념들을 이해하기 쉽고 그들 대부분이 자신의 부분들에 자연스럽게 접근하고 관계를 맺어 갈 수 있는 방법이다.

이 책은 당신이 이미 인간 정신세계에 대한 IFS의 관점과 부분, 보호자, 유배자 그리고 자기(Self)를 이해하고 있다고 가정한다. 나는 또한 당신이 부분으로부터 분리되어 보호자를 알게 되고 신뢰관계를 발전시키는 등의 IFS 과정을 이해한다고 가정한다. 당신이 이러한 개념들과 훈련들(practices)을 배울 필요가 있다고 느끼면 『Self-Therapy』를 참고하길 바란다. 당신이 유배자에 대해 작업을 하고 그 짐을 벗어버리는 방법을 알면 도움이 될 것이다. 그러나 그러한 지식이 없어도 이 책에서 제시하는 방법을 따라 할 수 있을 것이다.

이 책에 서술된 양극화에 대한 작업의 접근 방법은 슈워츠에 의해 개발되었고 경험이 많은 IFS 치료사가 사용하고 있다. 이

는 IFS에 대한 슈워츠의 기본이 되는 전문서적인 내면가족체계
치료에 설명된 정교한 방법론의 결정체다. 나는 내가 좋아하는
접근의 어떤 국면들을 강조해 왔고 더 쉽게 배울 수 있도록 일
련의 단계별 과정으로 조직했다.

　수년 동안 나는 일반 대중과 IFS 치료사들을 위해 양극화에
대해 교육해 왔다. 이 책은 그러한 교육 과정의 자료들에 기초
를 두고 저술되었고, 많은 원고가 이 클래스들에서 각 회기에
실습한 내용들로 작성되었다.

차 례

• • •

양극화 이해하기

인간은 흔히 갈등 속에 있다. 우리는 미루고, 우유부단하고, '복합 감정들'을 가지며, 동요하고, 스스로 비판하고 또 그 비판에 대해 방어한다. 우리는 표현되고자 하는 우리 자신의 부분들을 억제한다. 우리가 실제로 내면의 소리를 듣는다면 서로 다른 부분 간에 계속되는 논쟁을 들을 수 있을 것이다. 내면의 갈등은 인간 심리의 주요 요소다.

IFS(Internal Family System, 내면가족체계)에는 체계의 역동을 효과적으로 보여 주어 내부 갈등을 이해하게 해 주는 방식들이 있다. IFS는 세 유형으로 내부 갈등을 이해한다. 먼저 양극화를 논의할 것이다. 양극화가 내부 갈등에서 가장 명확하고 극단적인 형태이기 때문이다.

두 부분이 양극화될 때는 첫째로 두 부분이 서로 대립됨을 의미한다. 머무르기 대 계속 가기와 같이, 두 부분은 정반대로 작동하려고 하며, 결국 양극성을 형성한다. 그러나 양극화는 단순한 양극성 이상의 것이다. 양극성은 두 부분(또는 생각들)이 대립하거나 대립 경향을 띠는 것이다. 양극화는 양극성을 넘어서 서로 강력하게 투쟁하고 상호작용이 극단적이 될 때 발생한다. 예를 들어, 많이 먹고 싶어 하는 부분은 다이어트를 하고자 하는 부분과 적극적으로 싸울 것이다. 나아가, 각 부분은 다른 부분의 파괴적인 행동에 대처하기 위해서 극단적인 태도를 취해야만 한다고 확신한다.

범선을 타고 있는 두 명의 선원이 각자 배가 전복되는 것을 걱정한다고 상상해 보라. 한 선원이 자기 자신을 그 자리에 붙잡아 주는 로프를 사용해서 배의 한쪽으로 멀리 떨어진 위치에 몸을 내밀고 있다. 그 선원은 반대 방향으로 동일하게 멀리 떨어져서 몸을 내밀고 있는 다른 선원에게 대항하기 위해서는 그만큼 몸을 내밀어야 한다고 믿는다. 그는 배가 전복되는 것을 막기 위해서는 다른 선원이 하는 것과 정반대로 극단적이 되어야 한다고 믿는다. 그리고 불행히도, 그들은 둘 다 맞다. 만약 한 사람이 정반대의 극단적인 자세를 포기하고 배의 중앙으로 움직인다면, 배는 전복될 것이다.

이것이 양극화된 많은 부분의 경우다. 각 부분은 다른 부분이 매우 파괴적인 어떤 일을 하는 것을 막으려면 행동과 감정에서 그와 정반대로 극단적이 되어야 한다고 믿는다.

1. IFS로 파악하는 내부 갈등의 다른 유형

IFS는 부분 간의 내부 갈등 두 번째 유형을 인식하게 한다. 유배자(exile)는 과거의 사건으로 고통받는 어린이 부분이다. 보호자들은 유배자를 의식하지 못하도록 시도하기 때문에 우리는 유배자의 고통을 느끼지 않는다. 이러한 내부 갈등 형태는 IFS 회기의 주요 요소이고 전체 IFS 접근 방법에 영향을 미친다.

IFS에서 파악할 수 있는 내부 갈등의 세 번째 유형은 유배자의 다른 유형에서 유래한다. 어떤 유배자는 고통 속에 있기 때문이 아니라 그 사람이 성장하는 환경에서 수용되지 못했기 때문에 의식 밖에 머무르게 된다. 슈워츠는 유배의 이러한 다른 유형을 인식했지만 명칭을 부여하지는 않았다. 나는 그들을 부인된 유배자(disowned exiles)라고 부를 것이다.

예를 들어 보자. 메리는 자신의 주장을 부정하는데, 이는 그녀의 가정에서는 자기주장이 허용되지 않았기 때문이다. 하나의 부분이 부인될 때, 의식의 부분은 정반대의 그리고 수용 가능한 특성을 가진 자리를 차지한다. 메리의 경우, 이 부분은 관계에서 달래는 유형으로 온순한 행동을 하는 것이다. 이 온순한 부분은 메리의 주장이 강한 특성을 유배시키는 보호자다. 메리는 또한 두 번째 보호자로서 내부 비판 부분을 가지고 있는데, 이는 개인적인 힘을 나타내는 어떤 표시가 보일 때는 자기 자신을 비판한다. 이 두 보호자는 메리의 주장성 부분과 같은 부인된 유배자와의 내부 갈등, 즉 보호자-유배자 유형의 갈등에 휘말린다.

메리는 가정 내에서 자신의 주장을 내세울 때마다 아버지에게 맞았고, 이것은 그녀의 주장성을 억압하는 방식이 된다. 이러한 역동은 아버지의 학대에서 기인한 공포, 고통, 무기력이라는 짐을 지닌 유배자를 만들었다. 이것은 첫 번째 종류의 유배자인 아동기-고통 유배자다. 이러한 유배자는 부인된 유배자인 메리의 주장성 부분과 얼마나 다른가를 알 수 있다.

유배자(어떤 종류이든)가 단순히 유배되고 의식으로부터 사라지는 한, 이와 같은 두 종류의 내부 갈등은 양극화를 야기하지 않는다. 또는 한쪽은 싸우고 다른 쪽은 싸우지 않는 일방적인 양극화(one-sided polarization)라고 할 수 있다. 이것은 흔한 경우다. 그러나 만일 유배자에게 느껴지고 들릴 정도로 또는 사람의 행동에 영향을 주는 정도로까지 강하게 싸운다면, 이것은 본격적인 양극화를 일으킨다. 예를 들어, 메리가 치료를 통해 그녀의 주장성을 다시 갖게 되었을 때, 내부 비판 부분은 위협받게 되고 그녀의 힘을 누르려고 하면서 강하게 대응한다. 그러나 이제 이것이 쉽게 되지 않으므로, 두 부분은 서로 우위를 차지하고자 강력하게 투쟁한다.

요약하면, IFS에는 세 가지 유형의 내부 갈등이 있다.

① 양극화

② 일반적인 아동기 고통 유배자를 동반하는 보호자-유배자
　관계

③ 부인된 유배자를 동반하는 보호자-유배자 관계

2. 다른 치료 유형에서 내부 갈등

정신역동 치료는 무의식, 자아, 초자아 세력 간의 내부 갈등
에 중요한 초점을 둔다. 무의식에는 강하게 억압되어 있는 원
초적 본능과 고통스럽거나 외상적인 기억들이 포함된다. 억압
세력인 자아와 초자아는 무의식을 가둬 두려고 한다. 이러한
유형의 내부 갈등은 IFS에서 위에 언급한 두 번째 내부 갈등 유
형인 보호자와 아동기-고통 유배자 사이의 갈등으로 나타난다.
정신역동 이론은 둘 다 의식인 두 부분이 관계되는 양극화를 인
정하지 않는 것 같다.

융(Jung)은 가족이나 문화에서 수용될 수 없기 때문에 부인된
부분들을 포함하는 무의식 측면인 그림자라는 개념을 소개했
다. 음성 대화(Voice Dialogue)는 융의 개념에 기초한 하위성격
들과 함께 작업하는 방식이다. 따라서 내부 갈등의 이해는 그
림자에 기초한다. 음성 대화는 '부인된 자기들(그림자)'과 의식
적으로 가지게 된 자기 자신의 측면인 '주된 자기들' 간의 갈등
을 강조한다. IFS에서 이것은 내부 갈등의 세 번째 유형인 보호
자와 부인된 유배자 간의 갈등과 일치한다.

게슈탈트 치료에는 갈등하는 부분들에 대해서 함께 작업하는 하나의 방식이 있다. '빈 의자'라는 유명한 기법인데, 이는 내면 갈등에 대한 이론적인 이해를 포함하지 않는다. 이 책의 뒷부분에서 게슈탈트 기법과 IFS를 비교할 것이다.

3. 양극화의 예

빌은 중요하고 새로운 영업 프로젝트 일을 하고 있다. 매일 장시간 동안 일하고 아내와 어린 아들과 보내는 시간은 매우 적다. 친구들이 왜 그렇게 열심히 일하느냐고 묻거나 아내가 왜 이렇게 그를 볼 수 없느냐고 하면, 그는 "난 출세하고 싶어. 빨리 승진하고 크게 성공하고 싶어."라고 대답한다. 그러나 객관적으로 볼 때, 빌의 회사에서 주당 50시간 일하는 것은 그가 충분히 일을 잘하는 것이다. 그러나 그는 보통 60~70시간 일하고 주말에도 대개 일을 한다. 회사에서 승진이 빠른 사람들도 이렇게 많은 시간 동안 일을 하지는 않는다.

빌은 때로 식사를 거른다. 마감까지 시간이 촉박할 때에도 종종 밤늦게까지 일한다. 다음날은 대개 몹시 피곤해서 일의 품질이 나빠진다. 노력 부분(Striving Part)은 실패에 대한 비합리적인 두려움 때문에 빌이 열심히 일하도록 몰아간다. 노력 부분은 어떤 실패의 기미든지 모두 매우 두려워하기 때문에, 빌이 크게 성공했다고 확신하기 위해서 가능한 한 모든 것을 해야 한다고 여긴다.

빌에게는 일을 둘러싼 심리적 역동에서 주요 역할을 하는 두 번째 부분이 있다. 고등학교 초기에 빌은 성적이 좋지 않았다. 숙제를 하기보다는 노는 데 시간을 보냈다. TV를 많이 보았고 친구들과 많이 놀았다. 학교 공부를 제외한 다른 것들을 많이 했다. 중요한 과제가 있을 때는 미루다가 결국 급하게 해서 낮은 점수를 받았다. 가끔은 숙제를 전혀 하지 않았다.

이러한 행동은 빌의 미루기 부분(Procrastinator Part)에서 나왔다. 이 부분은 평가나 점수를 받는 것 등 어떤 것이라도 피하기를 원했다. 미루기 부분은 실패를 두려워해서, 실패할 수 있는 과업-사실상 모든 학교 과업과 일-을 회피함으로써 두려움에 대처했다. 이 두려움은 무의식적인 것이다. 빌에게 왜 숙제를 하지 않았느냐고 묻는다면, '하고 싶지 않아서'라고 대답했을 것이다.

이 전략은 물론 실패하게 되어 있었다. 과업을 회피함으로써 빌은 결국 그의 미루기 부분이 회피하려고 한 바로 그 느낌, 즉 실패자라는 느낌을 받게 되었다. 이러한 종류의 역동은 일반적이다. 우리의 부분들은 매우 자주 우리의 최대 이익에 반대되는 방식으로, 심지어 그 부분이 보호하고자 하는 의도와는 반대로 행동하게 하고, 결국 그 부분이 피하려고 한 결과를 초래한다. 노력 부분은 빌이 엄청난 성공을 했다는 것을 확실히 하기를 원하고, 미루기 부분은 시도하고 실패하는 것을 피하기를 원한다. 더욱이 각 부분은 다른 부분의 지나친 부분과 싸우기 위해 극단적이 되어야 한다고 느낀다.

빌의 두 부분은 각자 역할을 수행하는 데 보호적인 이유가 있다. 사실상, 두 부분 모두 빌이 실패하지 않도록 도와주려고 한다. 단지 서로 반대 전략을 사용할 뿐이다.

노력 부분은 다음과 같이 말할 것이다. "나는 빌에게 게으른 성향이 있다는 걸 알아. 그러니까 이런 성향과 맞서려면 매우 열심히 일하도록 해야 해. 내가 조금이라도 느슨해진다면, 빌이 고등학교 때처럼 게으름뱅이로 돌아갈까 봐 두려워." 반면에, 미루기 부분은 다음과 같이 말할 것이다. "나는 노력 부분이 끊임없이 감독자처럼 구는 방식이 싫어. 노력 부분의 지배에서 벗어나기 위해 최선을 다해야 빌이 편안하고 즐겁게 지낼 수 있어. 내가 그대로 두면, 노력 부분이 빌의 인생을 끊임없이 일하는 악몽처럼 되게 할 것 같아 두려워." 두 부분 모두 실패에서 그리고 서로에게서 빌을 보호하고자 노력하고 있다.

4. 양극화의 양상

양극화는 빌이 일하는 데 많은 시간을 쏟는 것과 같이, 대개 구체적인 행동이나 결정에 관한 것이다. 두 부분은 내담자가 어떻게 행동해야 할지에 대해 이견을 보인다. 한쪽이 정반대 역할을 느슨하게 하지 않는 한, 어느 쪽도 정반대 역할을 느슨하게 하려고 하지 않는다. 각 부분은 자신의 쪽이 느슨해진

다면 다른 부분이 지배해서 심각한 문제가 일어날 것을 우려한
다. 그러므로 당신은 그들 둘 다와 함께 잘 지내는 것이 가능하
도록 작업을 해야 한다.

양극화는 보통 두 보호자 간에 일어난다. 서로와의 갈등 외에
도, 그들 각자는 유배자를 보호하고 있다. 때로 같은 유배자를
보호하는 최선의 방식에 대해서도 양극화된다. 빌의 예에서,
노력 부분과 미루기 부분은 둘 다 유배자가 실패감을 느끼지 않
도록 보호하려고 했다. 다른 경우, 양극화된 각 부분은 다른 유
배자를 보호한다.

때로 양극화된 부분 간의 상호작용에 기인한 긴장과 극적 사
건은 그들이 보호하고 있는 유배자로부터 내담자를 멀어지게
하기 때문에 보호 형태 그 자체다. 이 최대의 두 라이벌은 이러
한 노력에서 명백히 사실상 동맹자다.

때로 양극화된 두 부분 중 한 부분이 잠시 지배하고 다른 부
분은 강압적으로 굴복하거나 포기할 것이다. 이는 몇 시간이나
며칠, 때로 몇 년 동안 일어날 수 있다. 그다음에는 교체될 수
있고, 그러면 다른 부분이 지배할 것이다.

한 개인에게 잠재된 외상이 있을 때, 외상을 다시 경험하지
않게 하려는 긴박한 욕구로 보호자는 더욱 극단적이고 역기능
적으로 변한다. 어떤 보호자가 너무 과도하고 그 활동들이 개
인의 인생에 상처와 어려움을 초래하면, 이 문제를 완화시키고
자 다른 보호자를 촉발시킨다. 이러한 다른 보호자는 처음의
보호자와 투쟁하기 위해 대개 극단적이 된다. 그들은 다른 보

호자나 유배자를 강하게 비판하면서, 혹독한 내부 비판자가 될
수 있다. 또는 다른 식으로 엄격하고 과도하게 될 수 있다. 어
떤 경우든지, 그들이 싸우는 보호자와 양극화된다. 이 때문에,
외상을 입은 내부 체계들은 극단적인 양극화로 치닫는 경향이
있다.

5. 양극화된 부분들의 긍정적인 측면

양극화된 부분들은 대개 극단적이지만, 때로 내담자에게 중
요한 에너지나 자질을 가지고 있기도 하다. 예를 들어, 빌의 노
력 부분은 일을 잘하고 성취할 수 있는 에너지가 있었고, 미루
기 부분은 편안함과 즐거움의 에너지가 있었다. 양극화의 일반
적인 종류 중의 하나는 대인관계 자질과 자기-주장 자질 사이
의 것이고 둘 다 가치 있는 자질이다. 또 다른 일반적인 양극화
는 안전/질서와 자율/자유 사이에 일어난다.

이러한 상황들에서, 당신은 양극화된 각 부분의 긍정적인 에
너지를 없애거나 감소시키기를 원하지 않을 것이다. 내담자가
극단적이지 않고 협력적인 형태로 이 에너지를 사용하도록 도
와주기를 원할 것이다.

양극화를 해결하는 데서, 당신은 부분 간에 온화한 절충방안
을 찾거나 순수하게 지적인 협의된 타결을 추구하지 않을 것이
다. 목표는 내담자의 부분들이 극단적으로 보호적인 역할을 극

복하고 협력하는 것을 배우면서 다른 부분의 강점과 좋은 의도
를 인정하도록 하는 것이다. 이것은 내담자가 자신의 창의력과
힘을 더 크게 사용하고, 갈등 상황에서 두 부분 모두 만족할만
한 획기적인 해결책을 마련하도록 해 준다. 자기(the Self)가 양
극화된 두 부분이 함께 작용하는 공간을 보유할 수 있을 때, 역
동적인 변형 과정이 일어난다.

양극화 알아차리기

이 책은 양극화 작업의 단계적인 절차를 보여 준다. 1단계는 IFS 회기에서 내담자가 양극화된 부분들을 다루는 것을 알아차리는 것이다. 알아차리는 몇 가지 방법은 다음과 같다.

1) 흔적의 기점

내담자가 **트레일헤드**(성장으로 이끌어 갈 수 있는 문제 상황)를 탐색하고 있을 때, 당신은 내담자가 상황에 대해 반대하거나 갈등하는 반응을 하는 것을 인식할 수 있다. 예를 들어, 제인은 가족을 방문하는 것에 두려움을 느끼는데, 가족이 매우 화를 내고 수치스럽게 하는 성향이 있기 때문이다. 그녀가 두려움을 탐색할 때, 그녀의 어떤 부분은 정말 가고 싶어 하지 않았고 정반대 부분은 가야 한다고 느꼈음을 알게 되었다. 오랫동안 가족을 보지 못했기 때문에 가족을 그리워하는 세 번째 부분도 있었다. 그녀는 양극화의 두 부분과 또 다른 측면이 있었다. 이것이 일반적인 상황이다.

2) 결정

내담자가 결정의 문제로 힘들어할 때는 거의 항상 양극화된 부분들의 문제가 있다. 한 부분은 이런 쪽으로 결정하기를 원하고, 다른 부분은 반대로 하기를 원한다. 사실, 내담자가 결정을 어려워하는 이유는 양극화된 부분들 때문이다. 이러한 양극화 종류의 각 부분에는 대개 한 가지 이상의 부분이 존재한다.

3) 보호자의 두려움

IFS 치료자들이 내담자가 보호자에게 질문하도록 하는 일반적인 질문 중 한 가지는 "당신이 역할을 수행하지 않는다면 그 후에 벌어질 일 중 어떤 것이 가장 두렵습니까?"라는 질문이다. 보호자가 '당신이 창피해하거나 끔찍해할 것' 또는 '다른 고통스러운 감정'이라고 대답할 때, 이것은 대개 그것이 보호하고 있는 유배자, 즉 그 고통스러운 감정을 경험하고 있는 유배자를 가리킨다. 보호자가 '누군가가 당신에게 상처를 줄까 봐 두렵다.'라든지 당신을 '조정하거나 심판하거나 다른 식으로 해를 끼치려는 것이 두렵다.'라고 할 때, 이 또한 그런 방식으로 상처를 입었던 유배자와 관련이 된다.

그러나 만일 보호자가 '당신이 정말 화를 낼까 봐 또는 과음

하거나 다른 위험한 행동을 할까 봐 두렵다.'라고 한다면, 이것
은 대개 보호자가 그러한 행동에 개입되었을 수 있는 부분, 즉
양극화된 부분을 두려워하고 있음을 나타낸다. 예를 들어, 빌
은 그의 내부 비판 보호자(Inner Critic Protector)에게 "네가 나의
일하는 습관과 관련하여 심판하지 않고 수치스럽게 하지 않으
면 어떤 일이 일어날 것이라고 두려워하니?"라고 질문했다. 비
판자는 "네가 미루기를 하고 많은 일을 하지 못할 것 같아 두려
워."라고 대답했다. 이러한 대답은 빌의 비판자가 양극화된 부
분인 미루기 부분을 두려워함을 나타낸다.

1. 걱정 부분들과 양극화

내담자가 보호자에 대해 알고 싶어 해서 당신이 내담자에게
"그 부분에 대해서 어떻게 느낍니까?"라고 질문한다고 가정해
보라. 그녀는 "나는 정말 그것에 대해 화가 나고, 그것을 없애버
리고 싶습니다."라고 대답할 것이다. 이러한 반응은 자기(Self)
주도의 그녀를 간섭하고 있는 또 다른 부분인 이른바 걱정 부
분(concerned part)에서 나오고 있다. 이 걱정 부분은 종종 보호
자와 양극화된다. 양극화가 존재하려면 두 부분이 서로 강하게
대치하고 있어야 한다. 걱정 부분은 항상 목표 부분(target part)
과 반대에 있다. 즉, 문제를 일으키는 목표 부분에 대해 걱정한
다. 목표 부분은 그러한 걱정에 저항하거나 저항하지 않을 수

있다. 저항하지 않을 때, 그 역동을 일방적인 양극화(one-sided polarization)라고 한다.

예를 들어, 사라는 결혼 생활에서 문제를 일으키는 남편에게 종종 화를 낸다. 이 감정은 그녀의 분노 부분(Angry Part)에서 나온다. 사라의 다른 부분은 그녀가 화내는 것을 좋아하지 않는다. 사라의 이 부분을 분노 비판자(Anger Critic)라고 부르자. 사라가 남편에게 발끈하는 것을 분노 비판자가 강하게 멈추려고 하면, 분노 부분은 화를 내려고 대항하게 된다. 이것을 명백한 양극화라고 한다. 그러나 분노 비판자가 단지 분노 부분을 비판한다고 가정해 보라. 즉, 분노 비판자가 실제로 분노를 멈추게 하지 않고, 분노 부분이 이것을 알지도 못한다고 하자. 그런 경우에는 진정한 양극화가 아니라, 일방적인 양극화가 될 것이다.

진정한 양극화에서는 부분들이 서로 대치하고 있어야 한다. 그러나 대치는 반드시 서로 직접 대화하거나 부분으로서 서로를 알아차리고 있다는 것을 의미하지는 않는다. 두 부분은 서로 대화 없이 내담자가 어떻게 행동할지에 대하여 맞서고 있을 수 있다. 예를 들어, 사라의 분노 비판자가 정말로 그녀가 화내는 것을 멈추게 하려고 한다고 가정해 보자. "남편에게 다시 폭발하지 마. 네 화가 결혼을 망치고 있어. 이번에는 냉정을 유지해." 분노 비판자는 분노를 느끼는 사라의 어떤 부분이 있다는 것을 알지는 못한다. 그리고 분노 부분은 이러한 저항에 대항해서 분노를 표출하려고 할 것이다. 두 부분은 실제로 서로 직접 논쟁하지는 않지만, 분명히 양극화되어 있다.

사실 숨겨진 무의식 부분도 의식 부분과 활발하게 싸우고 있는 한 양극화될 수 있다. 두 부분이 갈등하고 있으므로 이러한 역동도 양극화에 해당한다. 숨겨진 부분이 굴복하고 한쪽으로 밀려난다면, 그 상황은 양극화가 아니다.

2. 양극성 대 양극화

진에게는 친절하고, 인정 많고, 사교적인 부분이 있다. 이 부분은 사람들을 돌보고 가까이하기를 좋아하며, 그녀가 가족이나 친구들과 함께 있을 때 활성화되는 경향이 있다. 그녀에게는 경쟁심이 강하고 비판적인 또 다른 부분이 있다. 그 부분은 다른 사람들을 이기려고 하고 종종 가혹하고 비판적이며, 그녀가 일할 때 활성화되는 경향이 있다. 이 두 부분은 상반되므로 양극성을 형성한다. 그러나 서로 다른 상황에서 나타나는 경향이 있기 때문에 실제로 싸우지는 않는다. 한 부분이 활성화될 때 다른 부분은 조용하고, 반대도 마찬가지다. 그러므로 그들은 양극화되지 않는다.

샘은 비판이나 놀림을 받는 것을 두려워하기 때문에 집단 상황에서 관심의 중심이 되는 것을 피하고 수줍어하는 부분이 있다. 또한 그에게는 관심의 중심이 되고 인정받고 칭찬받고 싶어 하는 다른 부분이 있다. 그러나 이 부분은 깊이 가려져 있고 샘의 세계에서 결코 행동에 옮겨지지 않는다. 샘의 두려움 때문에 나서려고 하지않는 것이다. 이러한 부분들 또한 반대되므로 양극성을 이룬다. 그러나 서로 충돌하지 않으므로 양극화되지 않는다. 수줍은 부분이 항상 지배한다.

엘리노에게는 자신을 과로하게 하는 완벽주의 부분이 있다. 그래서 그녀는 지치게 된다. 그녀에게는 또한 피곤함을 느끼고 그렇게 열심히 일하지 않기를 바라는 다른 부분이 있다. 이 두 부분은 정반대인 양극성을 이룬다. 그러나 피곤함을 느끼는 부분은 과로하게 하는 부분을 멈추게 하려고 하지 않는다(단지 녹초가 되어 불행하다고 느낀다). 그렇다면 이것은 양극화가 아니다. 단, 피곤함을 느끼는 부분이 엘리노가 일을 그만 하게끔 했다거나 과로에 대항하는 방법으로 피로를 가중시켰다면, 그 역동은 양극화에 해당한다.

3. 관리자/소방관 양극화

관리자와 소방관은 IFS에서 보호자의 두 가지 유형이고, 대개 양극화된다(이러한 용어에 익숙하지 않다면 〈부록 C〉를 보라).

관리자와 소방관은 종종 서로 양극화된다. 대부분의 소방관은 흥분과 강렬함, 재미와 전율을 추구한다. 반대로 대부분의 관리자는 특히 소방관의 파괴적인 행동을 멈추려고 하는 경우 통제와 질서를 추구한다. 사실, 성공적인 IFS 작업의 결과로써 어떤 내담자들은 소방관으로 인하여 발생하는 극단적인 감정의 감소를 경험할 것이다. 그리고 삶이 지루해짐을 느끼기 시작할 것이다. 관리자와 소방관 사이의 이러한 지향의 차이는 양극화를 초래한다.

그러나 관리자와 소방관이 양극화되는 더 큰 이유가 있다. 소방관의 활동이 종종 위험하고 자기 파괴적이기 때문에, 소방관에게 매우 비판적인 관리자가 나서서 그의 행동을 제한하려고 한다는 것이다. 사실, 모든 해로운 소방관에게는 거의 항상 양극화를 이루는 관리자가 있을 것이며, 관리자는 소방관이 내담자의 삶에서 문제를 일으키는 것을 막으려고 노력한다.

소방관의 행동을 그만두게 하지 못하게 되면 관리자는 내담자가 소방관의 행동에 참여한 것에 대하여 심하게 비판한다. 예를 들어, 소방관이 다시 행동화하지 못하게 하기 위해서 내담자가 수치심을 느끼게 한다.

내담자의 인생이 소방관 때문에 망쳐지게 될 때, 당신은 이 부분과 작업해서 그 행동을 바꾸게 하도록 할 필요가 있다고만 생각하기 쉽다. 그러나 '양극화'이기 때문에 파괴적인 소방관과만 작업하는 것으로는 충분하지 않다. 이 책에서 보여 주듯이, 통제하는 관리자의 문제도 다루어야 하고 직접적으로 양극화의 문제에 대해 작업해야 한다.

4. 보호자/유배자 양극화

양극화는 또한 보호자(관리자나 소방관 둘 중 하나일 수 있는)
와 유배자 간에 존재할 수 있다. 이는 유배자가 내담자와 융합
되어 실제 삶의 상황에서 행동하려고 할 때 일어난다. 어떤 유
배자는 의식에서 숨겨져 있고 IFS 회기 동안에만 접근된다. 이
유배자는 대개 양극화를 생성하지 않는다. 그러나 때때로 어떤
유배자가 실제로 주역이 되어 그 사람이 행동하는 방식에 영향
을 주기도 한다.

예를 들어, 베티에게는 그녀가 사랑하는 관계에 있을 때 종종
주역이 되어 상대방에게 의존하게 하는 결핍 부분(Needy Part,
유배자)이 있다. 그녀의 결핍 부분은 관계에서 떨어져 있도록
함으로써 그녀가 심하게 의존하지 않게 하려고 하는 거리 두기
부분(Distancing Part, 보호자)과 양극화되었다. 이 보호자는 베티
를 관계에서 떨어져 있게 함으로써 결핍 부분이 고통받지 않도
록 보호하려고 했다. 유배자는 친밀한 관계에 있기를 갈망하고
보호자는 그렇게 하는 것을 막으려고 하기 때문에 보호자는 결
핍 부분과도 양극화가 되었다.

유배자가 보호자와 양극화될 수 있는 또 다른 방식이 있다.
때로 유배자는 고통스러운 감정을 의도적으로 표현하라고 강
요한다. 유배자는 알려지기를 원하고 유배자의 고통에 내담자
가 주의를 기울이도록 노력한다. 이러한 압력이 고통을 숨기고

싶어 하는 보호자와 대치되면, 이 두 부분은 양극화된다. 이러한 역동은 정신적 충격(트라우마)에서 특히 심각하고, 때로 과도하게 흥분하게 되는 정신적 충격을 받은 유배자와 이런 일이 일어나는 것을 저지하려는 분리 또는 마비 보호자 간에 양극화가 존재할 수 있다.

5. 양극화의 다른 예

양극화의 또 다른 예들은 다음과 같다.

가혹한 내부 비판자(Inner Critic) 부분을 가진 내담자에게는 종종 또 다른 부분, 즉 틀렸다는 것을 입증하기 위해 비판자와 싸우는 내부 방어자(Inner Defender)가 있다. 비판자가 내담자는 바보라고 말하면, 내부 방어자는 내담자가 얼마나 똑똑한지 보여 주려고 한다. 어떤 여자가 남자에게 차였다고 비판자가 말하면, 방어자는 얼마나 많은 남자가 그녀에게 끌렸는지를 알려 준다. 두 부분은 매우 자주 싸우고, 비판자가 자주 이긴다.

어떤 내담자는 대인 갈등에서 공격적인 부분과 갈등을 회피하고 싶어 하는 부분 사이에 양극화가 발생할 수 있다. 엘리스에게는 결혼 생활에서 갈등이 생길 때 매우 화를 내는 보호자가 있다. 그녀에게는 이러한 분노 폭발을 피하기 위해서 갈등을 막으려는 또 다른 부분이 있다. 이 부분은 갈등이 시작되면 방에서 떠나거나 진정하게 한다. 분노 부분이 종종 싸우고 싶

어 하기 때문에, 이 두 부분은 대인간 어려움을 어떻게 다룰지
에 대해서 양극화된다.

때로 도움을 원해서 내담자를 치료받도록 하는 부분과 치료
과정 동안의 잠재적인 고통을 두려워하거나 변화에 저항하는
부분 사이의 양극화가 있다. 한 부분은 치료 과정을 막거나 방
해하는 반면, 다른 부분은 내담자가 상담회기에서 도움을 요청
하도록 할 것이다. 이러한 역동은 치료자가 이러한 양극화를
인식하고 그것에 관해 작업할 때까지, 치료자에게 좌절감을 줄
수 있다.

6. 양극화의 초점을 맞출 것인지 결정하기

양극화를 알아차렸다고 해서 항상 양극화를 직접 다루어야
한다는 것을 의미하지는 않는다. 때로는 일반적인 IFS 방식에
서 양극화된 부분 중 오직 한 부분과 작업할 수도 있다. 부분
중 일부인 보호자에 초점을 맞춘다. 내담자는 보호자를 알아차
리게 되고 신뢰로운 관계를 발전시킨다. 그런 다음 보호자가
보호하고 있는 유배자와 작업하도록 허락을 받아 유배자의 마
음의 짐을 덜어 주고 치유하는 단계로 나아간다. 그 결과, 보호
자는 양극화 상황에서도 극단적인 역할을 하지 않을 수 있다.
이것은 또한 다른 양극화된 부분도 편안해지도록 해 줄 것이
다. 이런 식으로, 양극화는 직접 작업할 필요 없이 해결될 수 있

다. 양극화가 특별히 심하지 않다면 이러한 접근으로도 충분할
수 있다.

그러나 많은 경우에 이것으로 충분하지 않고 양극화를 직접
다룰 필요가 있다. 그래야 하는지 아닌지 어떻게 결정할 수 있
을까? 한 가지 방법은 양극화된 부분 중의 하나와 간단히 작업
을 시작해 보고 어떻게 되는지를 지켜 보는 것이다. 예를 들어,
당신이 어떤 문제에 뛰어들어 초점을 맞추고 있는 부분을 다른
부분이 공격한다면 이것은 양극화에 초점을 맞출 필요가 있음
을 나타내는 것일 수 있다.

또는 당신이 한 부분과 완전히 진행해서 그 유배자의 짐을 덜
어주었지만 얼마 후에 내담자의 행동이 변하지 않고 있다면, 이
것은 아마도 직접 양극화에 대한 작업을 해야 함을 의미할 수
있다.

양극화된 부분 간의 다툼에 많은 에너지가 소모된다고 느끼
면, 한 부분과 작업하기보다 직접 양극화에 초점을 맞추는 것이
맞다. 예를 들어, 목표 부분에게 역할을 수행하지 않는다면 발
생할 수 있는 일 가운데 무슨 일이 두려운지 물어볼 때 '양극화'
라고 대답한다면, 목표 부분은 유배자보다는 그 양극화된 부분
에 대해 더 걱정하는 것이다.

양극화에 초점을 맞추는 것이 효과적인 또 다른 일반적인 이
유가 있다. 내담자가 보호자와 몹시 융합되어 있어서 그것이
자신의 삶에 문제를 일으키는 것을 알아차리지 못한다고 가정
해 보자. 내담자는 자신이 그 부분과 그렇게 융합되지 않았을

때는 그 부분을 작업 대상으로 보았지만, 현재 그 부분이 주역의 자리에 들어섰고 내담자는 그 부분의 역할에 대해서 반복적으로 합리화한다. 당신이 내담자를 그 부분과 분리시킬 수 없다면, 내담자는(부분으로서) 어떤 문제가 있다고 생각하지 않기 때문에, 그 부분의 역할의 문제 측면을 탐색할 수 없을 것이다.

그러나 당신은 종종 목표 부분과 양극화되어 있는 부분으로부터 들을 것이다. 당신이 그 양극화에 초점을 맞춘다면, 양극화된 부분은 자신의 말을 할 것이고 당신은 그들 사이의 갈등에 대해서 작업할 수 있다. 이것은 내담자가 융합되어서 볼 수 없던, 원래 보호자가 가지고 있는 문제를 명확히 드러낼 것이다.

예를 들어, 페이지에게는 돌보는 자의 부분이 있다. 그녀는 다른 사람들이 불편하지 않고 안전함을 느끼고자 하는 욕구에 초점을 맞추는 일에 특별히 노력한다. 그녀는 자신의 욕구를 알아차리지 못하고 그렇게 행동한다. 페이지는 이것이 자신의 삶에서 문제를 일으키고 있음을 알아차린 후 이것을 상담시간에 제시했다. 그러나 그녀와 미묘하게 융합되어 있는 돌보는 자 부분(Caretaker Part)을 그녀가 알아차리게 되어 그 부분에게 어떤 일을 하려고 하는지 질문을 하면, 그 부분은 사람들을 돌보고 당연히 그들이 행복해지기를 바란다고 대답했다. 이 시점에서 그 부분이 주역이 되어 있으므로, 페이지는 돌보는 자의 어떤 문제도 알아차릴 수 없다. 당신이 돌보는 자의 문제를 지적한다면, 아마도 그 부분의 저항을 받게 될 것이다.

그러나 돌보는 자가 말하고 있는 동안, 페이지는 자신의 욕구를 희생하면서 고마워하지 않는 사람들을 돌보느라 힘들고 지친 다른 부분의 말도 듣는다. 이 부분은 돌보는 자와 양극화되어 있다. 양극화에 초점을 맞추고 이 부분에게 발언권을 제공하면, 그 문제를 제시하지 않아도 돌보는 자의 문제들은 분명해질 것이다. 당신은 한쪽을 편들지 않는 중립적인 자리에 남아 있을 수 있다.

7. 양극화 절차

다음은 이 책의 나머지 부분에서 다루어질 양극화와 작업하는 단계의 절차다. 이 단계들은 IFS의 창시자인 리처드 슈워츠(Richard C. Schwartz)가 개발한 절차를 정교화한 것이다. 그의 책 『내면가족체계 치료(Internal Family Systems Therapy)』에 간략하게 기술되어 있다.

(1) 양극화된 부분을 알아차리고 확인하라.

(2) 내담자가 자기(Self)와 접촉하도록 먼저 각 부분과 분리되게 촉진하라.
   ① 내담자가 각 부분이 동시에 의식 안에 머물게 하도록 하라.
   ② 내담자가 다른 부분을 알아차릴 수 있게 각 부분과 분

리되어 있도록 요구하라.

③ 내담자가 각 부분에게 자신이 한 부분을 알게 하고 또한 다른 부분이 주역이 되지 않도록 할 것임을 확신시키도록 하라.

(3) 내담자가 각 부분의 역할, 긍정적인 의도 그리고 다른 부분과의 갈등 등을 알아차리도록 촉진하라.

① 염려스러운 각 부분과 분리시키라.

② 그 부분이 내담자를 위해서 무엇을 하려고 하는지를 확인하라.

③ 그 부분이 양극화된 부분을 어떻게 느끼고 어떻게 반대하는지를 확인해 보라.

④ 내담자의 자기와 각 부분 사이에 신뢰로운 관계를 발전시켜라.

(4) 유배자와 작업할지 또는 양극화를 해소시키는 대화를 할지 결정하라.

(5) 자기의 안내에 따라 각 부분이 다른 부분과 양극화를 해소하는(통합하는) 대화를 하도록 내담자가 각 부분으로부터 허락을 받도록 하라.

① 다른 부분이 주역이 되거나 공격하는 것을 자기가 허락하지 않는다는 것을 각 부분에 확인시켜라.

(6) 양극화를 해소하는 대화를 시작하도록 촉진하라.

　① 내적으로 할 것인지 외적으로 할 것인지 결정하라.

　② 각 부분이 자신의 입장을 말하고 다른 부분에 반응하
　　도록 하라.

　③ 서로의 입장과 갈등이 분명해질 때까지 과정을 계속
　　하라.

(7) 진정한 대화와 해결을 촉진하라.

　① 각 부분이 보호하고 있는 유배자를 드러낸다.

　② 각 부분은 다른 부분의 염려와 두려움을 경청하고 적
　　절히 반응한다.

　③ 한 부분, 자기 또는 치료자가 해결책을 제안한다.

　④ 각 부분은 잠재적인 해결책을 고려하고 개선을 위한
　　관심사와 제안을 제기한다.

　⑤ 부분들은 모두가 동의할 수 있는 해결책을 찾기 위해
　　다른 부분들과 자기와 서로 협의한다.

양극화 부분에서 분리하기

양극화 작업의 2단계는 자기(Self)가 중심이 되어 각 부분과 연결할 수 있도록 내담자가 양극화된 어떤 부분과도 융합되지 않고 있음을 확인하는 것이다. 내담자는 종종 두 부분과 모두 융합되어 내부에서 분열됨을 느끼는 상태에서 시작한다. 또는 먼저 한 부분과 융합되었다가 그다음 다른 부분과 융합되면서, 두 부분 사이를 왔다 갔다 한다. 예를 들어, 먹는 것에 관련해서 양극화가 생긴 내담자는 '배고파하는 부분'과 '엄격한 다이어트에 집착하는 부분'과의 융합 사이에서 흔들릴 것이다.

두 부분이 분리되도록 촉진하는 간단한 방법이 있다. 내담자에게 양극화된 두 부분의 자각을 동시에 유지하도록 요청하라. 예를 들어, 내담자에게 각 부분이 각각 다른 의자에 앉도록 한 실내를 상상하거나, 내담자가 양손에 한 부분씩 잡고 있는 것을 상상하거나 또는 각 부분을 자신의 몸에서 느끼도록 하라. 이것은 내담자를 두 부분과 분리하도록 해 준다. 이러한 분리를 촉진하기 전에 내담자에게 자신의 신체에 초점을 두도록 하는 것이 유용하다.

그러나 어떤 내담자는 두 부분을 모두 알아차리는 데 어려움을 느낀다. 그래서 여기에서 분명한 방법을 제시한다. 내담자에게 각 부분과(한 번에 한 부분씩) 분리되도록 타협해서 서로 다른 부분을 알 수 있도록 하라. 그들을 A부분과 B부분이라고 부르자. 내담자인 테리는 B부분에게 잠시 비켜서도록 요청해서 A부분을 알 수 있도록 한다. 이때 (테리는) A부분이 주도권을 잡고 파괴적인 일을 하지 않도록 할 것이며, A부분과 그러한 작업을 한 후에 B부분에게 돌아와서 그 일에 대해 알려 주겠다고 확인해 준다. 이것은 B부분이 믿고 비켜서도록 하는 데 충분할 것이다. IFS 기법에서의 보호자에 대한 표준 작업과정과 같이, 그런 다음에 테리는 B부분을 알기 위하여 A부분에게 자신에게서 분리될 것을 요청한다.

내담자가 협상을 수행하기 위해 자기가 리더십을 갖는 데 어려움을 느낀다면, 치료자로서 당신은 각 부분과 직접 대화함으로써 과정을 촉진해야 한다. 이러한 IFS 기법의 적용을 직접 접근(direct access)이라고 한다.

이러한 분리 과정의 예는 다음과 같다. 댄은 술을 너무 많이 마시는 경향이 있다. 이 행동은 그가 술꾼(Drinker)이라고 부르는 소방관에서 비롯된다. 그에게는 너무 많이 마시지 않도록 하려는 관리자인 음주 통제자(Controller) 부분도 있다. 댄이 술을 마시기 시작할 때마다, 이 통제자 부분은 몇 잔으로 제한하려고 노력한다. 때로 그것이 성공하기도 하고, 때로는 술꾼 부분이 이겨서 댄이 정말 취하기도 한다. 이런 일이 일어날 때, 그다음날 음주 통제자는 그를 '알코올 중독 실패자'라고 하면서 크게 책망한다. 이러한 예는 전형적인 양극화 유형을 보여 준다.

댄이 이러한 양극화된 두 부분과 작업을 시작했을 때, 술꾼을 인정하며 시작하기로 했다. 그런데 음주 통제자가 댄이 술꾼을 비판하고 혐오감을 느끼도록 하면서 즉시 주도권을 장악했다. 댄의 자기는 리더십을 갖고 있지 않았다. 즉, 댄은 음주 통제자와 융합되어, 술꾼과 성공적으로 작업할 수 없었다. 그는 통제자에게 비켜서도록 요청해서 정서적으로 열린 공간(open place)*에서 술꾼 부분을 인정할 수 있었다. 음주 통제자는 "안 돼요! 그 부분은 당신의 삶에서 문제를 일으킬 뿐이에요. 당신은 그것과 대화하지 말고 그것을 없애야만 해요."라고 말했다.

댄의 치료자는 그가 어떻게 반응할지 알도록 도와주었다. 그는 댄이 음주 통제자에게 다음과 같이 말하도록 코치했다. "당신은 부분을 없앨 수가 없어요. 파괴적인 행동을 변화시키는 유일한 방법은 수용하는 입장에서 그 부분을 알아 가고, 나를 위해 무엇을 하려고 하는지를 밝히는 것이에요. 모든 부분은 긍정적인 의도를 가지고 있으니까, 당신이 나에게 허락한다면 내가 술꾼과 접촉해서 그것을 변화시키도록 도울 수 있어요. 알다시피, 당신의 전략이 매우 효과적이지는 않았어요. 그러니 새로운 방법을 시도해 보는 것이 어때요?"

---

*열린 공간: 정서적으로 열린 경험을 하는 공간.

일단 댄이 이러한 것들을 설명한 다음, 치료자는 분리를 위해 노력했다. 그는 댄이 음주 통제자에게 "내가 술꾼과 이런 식으로 작업할 수 있도록 나에게서 분리되어 줄래요?"라고 말하도록 했다. 음주 통제자는 그의 전략이 효과적이지 않았음을 인정해야 했기 때문에, 이것이 효과가 있는지 보고 싶어 했다.

그런 다음 댄은 술꾼을 인정해 주는 과정을 진행했다. 당시에는 유배자 고통을 가져오는 이슈가 없었기 때문에 그는 술꾼과 융합되지 않았고, 그래서 술꾼이 활성화되지 않았다.

내담자가 A부분을 알아 가는 동안, B부분이 위협을 느낀다면 그 과정으로 뛰어들어 방해를 할 것이다. 이런 일이 발생할 때, 내담자는 다시 B부분과 타협하여 회기를 계속할 수 있을 정도로 B부분이 내담자를 충분히 신뢰하는지 지켜 볼 필요가 있다. 그렇지 않다면, 내담자는 먼저 B부분과 작업해야 할 것이다.

예를 들어, 댄이 술꾼과 작업하는 동안, 술꾼은 댄이 거절당하는 느낌을 느끼지 않도록 술을 마시게 했다고 이야기했다. 그러자 음주 통제자가 뛰어들어서 "그건 정말 어리석은 방법이야. 전혀 도움이 안 돼. 일을 더 악화시킬 뿐이야."라고 말했다. 치료자가 댄에게 음주 통제자에게 비켜서도록 요청할 것을 제안했을 때, 음주 통제자는 술꾼을 몹시 혐오하였기 때문에 그렇게 하지 않으려고 했다. 그래서 댄은 음주 통제자에 대한 관심을 바꾸어서 먼저 그를 인정해 주었다.

물론, 댄이 그렇게 하기 위해서는 먼저 술꾼으로부터 분리될 필요가 있었다. 이 사례에서는 술꾼이 댄과 융합되어 있지 않왔기 때문에 문제가 되지 않았다. 댄은 먼저 음주 통제자와 작업할 수 있었다. 일단 연결이 되고 나서는 음주 통제자가 댄을 신뢰하게 되었기 때문에 댄이 술꾼과 작업하는 것을 아무 문제 없이 허용했다.

1. 양극화의 한 부분과 동일시하기

다른 융합된 상황은 때로 양극화와 함께 일어난다. 내담자가 양극화의 한 부분과 너무 동일시(융합)되어 양극화를 전혀 인식하지 못할 수 있다. 내담자는 양극화된 한 부분과 융합되었음을 알아차리지 못하고 단지 자신이 까다로운 보호자와 작업하려고 한다고 생각한다.

예를 들어, 술꾼이 과음하게 하는 것을 멈추게 해야 한다고 댄이 생각하기 시작했다고 가정해 보자. 그는 자기주도로 파괴적인 부분을 다루고 있다고 생각했다. 사실, 그는 술꾼 때문에 그의 삶에서 감당하게 된 손해에 대해 매우 걱정하고 있었다. 그래서 그가 술꾼에게 개방적이지 않은 것은 당연했다. 댄은 실제로 음주 통제자와 융합되었지만, 자신을 볼 수 없었다. 그래서 그는 실제로 자기가 리더십을 갖고 있지 않다는 것을 알 수 없었다. 이 경우에, 자기가 리더십을 갖고 있지 않다는 것을 인식하고 양극화를 지적해서 직접 작업할 수 있게 하는 것은 치료자인 당신에게 달렸다.

이와 관련해서는 당신이 편을 드는 양극화의 한 부분(즉, 내
담자의 한 부분을 비판하거나 그것을 없애고자 하는 부분)과 융합될
위험이 있다. 내담자의 이러한 부분은 스스로 많은 문제를 유
발하거나 자신을 위험에 빠뜨릴 수 있으므로, 당신이 그에 대해
부정적으로 느끼는 것은 놀라운 일이 아니다. 흔히 당신과 내
담자는 인식하지 못한 채 양극화에서 한쪽 편을 들 수 있다. 분
명히 당신의 첫 번째 우선순위는 그 자체로 이 상황을 알아차리
고 당신의 비판적인 부분과 분리되어 자기가 리더십을 갖도록
하는 것이다. 그다음에는 당신이 내담자 또한 융합되어 한쪽
편을 들고 있음을 알 수 있어서 내담자가 자기 리더십을 갖도록
도울 수 있을 것이다.

양극화 부분 알아 가기

일단 내담자가 양극화된 부분에서 완전히 분화되고 나면, 당신은 양극화된 각 부분을 알아 가고 그것과 신뢰 관계를 발전시키는 3단계로 진행시킬 수 있다.

당신이 보호자를 알아 가기 위해서는 이미 알고 있는 과정의 일상적인 절차를 따르라. 내담자가 자신의 정신세계에서의 그 부분의 역할과 자신을 위한 긍정적인 의도를 알아 가게 하라. 여기서 보호자에게 물어볼 중요한 질문은 '당신은 무엇을 성취하기 위해 그 역할을 수행하려고 하는가?'와 '만약 당신이 그 역할을 수행하지 않을 경우 어떤 두려운 일이 일어날 것이라고 생각하는가?' 두 가지다.

이 과정은 보호자가 내담자를 어떤 것으로부터 보호하려고 노력하는지에 대한 실마리를 제공할 것이다. 양극화된 부분의 긍정적인 의도를 이해하는 것은 특히 중요하다. 양극화된 부분의 행동이 때로는 아주 극단적이고 파괴적이며 또는 양극화된 부분에게는 적어도 그렇게 보일 것이기 때문이다. 부분의 긍정

적인 의도를 알아내는 것은 다른 부분이 그 부분을 아주 심하게
비난하는 것을 막도록 돕는 데 크게 유용할 것이다.

예를 들어, 댄은 그의 술꾼이 어머니의 거부로 깊이 상처받
은 어린 유배자(Exile)를 보호하려고 한다는 것을 발견했다. 그
술꾼은 이러한 고통은 견딜 수 없어서 어떠한 대가를 치르더라
도 억제되어야 한다고 느꼈다. 일단 댄(더불어 음주 통제자)이 유
배자가 감수하고 있던 고통을 인식하게 되면, 술꾼의 극단적인
행동을 더욱 잘 이해할 수 있게 될 것이다. 그러나 술을 남용하
는 것이 괜찮다고 생각하는 것을 의미하지는 않는다. 단지 술
꾼(Drinker)의 딜레마를 좀 더 이해할 여지가 생겼음을 뜻할 뿐
이다.

음주 통제자는 댄의 음주 결과로 유발된 많은 수의 유배자를
보호하기 위해 노력해 왔다. 한 유배자는 댄이 술을 마시고 통
제력을 상실했을 때 수치심을 느꼈다. 다른 유배자는 음주로
댄의 결혼 생활에 문제가 발생해서 버림받을 것을 두려워했다.

내담자가 각 부분을 이해하기 시작하는 동안, 그가 양극화된
부분에 대해 어떻게 느끼는지와 다른 부분의 감정과 행동에 대
응하기 위해 어떤 것을 하는지에 대해 물어보라. 이 과정은 당
신과 내담자가 모두 양극화의 역동을 이해하는 데 더 확실한 감
각을 제공할 것이다.

예를 들어, 음주 통제자는 술꾼을 싫어하고 술꾼의 행동에 대
해 수치심을 느낀다. 음주 통제자는 댄이 술을 전혀 마시지 않
게 하거나, 그의 음주를 제한하기 위해 노력한다. 이 노력이 실

패하면 미래에 이러한 행동을 반복하지 않게 하기 위해 술꾼에게 망신을 준다. 물론 이렇게 망신을 주는 과정은 댄이 자기 자신에 대해 더욱더 안 좋게 생각하게 할 뿐이며, 망신을 당한 유배자를 보호하기 위해서 술꾼이 술을 진탕 마시게 하는 역효과를 낳는다.

술꾼은 음주 통제자의 술에 대한 엄격함에 대응하기 위해 노력한다. 음주 통제자가 자기를 억압하고 수치스럽게 한다고 느끼고 그를 증오한다. 술꾼의 전략은 댄이 결과를 의식하지 못하게 해서(음주 통제자가 알지 못하게), 원하는 만큼 술을 마시게 하는 것이다. 당신은 각 부분이 다른 부분에 대응하기 위해 점점 극단적으로 변해 간다는 사실을 알 수 있다.

1. 양극화된 부분과 신뢰 관계를 발전시키기

내담자가 각 부분이 그러한 역할을 수행하는 이유를 이해하고 각 부분의 노력에 대해 감사해한다는 것을 각 부분이 알 수 있게 하라. 내담자가 양극화된 각 부분과 신뢰 관계를 창출하는 것은 매우 중요하다. 그는 부분들이 서로 대화를 나눌 때 그들 사이에서 중재자가 되어야 한다(당신의 지도 아래). 부분들은 일반적으로 서로 아주 싫어하는 상태에서 시작하기 때문에, 대화가 이루어지는 것은 쉽지 않다. 부분은 오로지 내담자를 정말로 신뢰할 때만 내담자가 대화를 할 수 있게 허락한다. 반면,

한 부분은 그에 반대되는 부분이 말하기 시작하면 바로 행동화할 수 있다.

댄과 그의 부분의 사례에서, 댄은 음주 통제자에게 '난 당신이 나의 음주를 제한하려는 노력에 대해 매우 감사하고 있습니다. 음주가 야기하는 고통과 어려움에 대해 나도 잘 이해하고 있습니다. 나 또한 음주를 멈추길 원합니다.'라고 말했다. 이것은 음주 통제자가 댄이 그의 편이라고 느끼게 하는 데 도움을 주기 때문에, 댄이 술꾼과 다시 관계를 만든다고 격노하지 않는다.

댄은 또 술꾼에 대해 알아 가면서, 술꾼에게 '난 당신이 엄마 때문에 상처받은 어린아이를 보호하기 위해 노력하는 것에 대해 감사하고 있습니다. 난 당신이 과음하게 한다는 것을 알고 있지만, 내가 고통스러운 감정을 견딜 수 없기 때문에 당신이 그렇게 한다는 것을 알고 있습니다.'라고 말했다. 이 과정은 술꾼이 댄과 연결되어 있는 것을 느끼게 하고 그를 믿을 수 있게 하는 데 도움을 주었다.

일단 내담자가 양극화된 한 부분에 감사를 표현하면 그 부분이 감사를 받아들이는지 알아보라. 그 부분이 내담자를 신뢰하지 않는다면, 내담자의 자기가 리더십을 가지고 있는지 확인하고 필요하다면 리더십을 유지하도록 도와줘라. 혹은 만약 부분이 내담자의 과거사와 관련해서 신뢰할만한 주제(Trust issue)를 가지고 있다면, 바로 그 주제를 가지고 작업을 시작하라.

2. 신뢰할만한 주제 다루기

한 부분은 내담자가 양극화된 다른 부분을 더 선호한다고 믿기 때문에 내담자를 신뢰하지 않을 수 있다. 만약 그것이 사실이라면, 내담자가 이를 인정하고 설명하게 하라. '난 더 이상 그렇게 하지 않겠다. 그게 바로 내가 양쪽을 모두 이해하고 양극화를 해결하려는 이유다.' 만약 사실이 아니라면, 내담자가 양극화된 부분에 대한 그의 태도를 설명해서 신뢰하지 못하는 부분이 실제로는 내담자가 자기주도로 양쪽 부분 모두에 대해 관심이 있고 개방적이라는 것을 깨닫도록 도와주어야 한다.

예를 들어, 댄의 음주 통제자가 그를 믿지 못한다고 가정하자. 아마 음주 통제자는 '넌 술을 흥청망청 마시는 것을 허락해왔다. 그런 네가 어떻게 이러한 광기를 막기 위한 나의 노력에 대해 감사한다고 믿을 수 있겠는가? 이것은 꼭 네가 술꾼을 확실히 더 선호하는 것처럼 보인다.'라고 말할지도 모른다. 댄은 자기주도로 이렇게 반응할 수 있다. '네가 맞아. 난 술을 너무 많이 마시게 했어. 나도 그것에 대해 기분이 좋지 않아. 하지만 내가 그 행동을 지지해서 그랬던 것은 아니야. 그때는 나의 자기가 주도하지 않았기 때문이야. 술꾼이 내 자리를 차지하고 술을 마셔 버렸어. 난 이제 너와 술꾼이 서로 이러한 대화를 하게 해서 이것을 멈추려고 해.' 이러한 설명은 음주 통제자가 댄을 믿게 할 수 있다.

각 부분이 자기와 신뢰 관계를 발전시켜 가는 과정의 결과만
으로도 양극화는 감소될 수 있다. 보호자는 자기가 주도하고
있거나 또는 자기가 이해, 연민, 힘의 원천이라는 것을 의식하
지 못하게 되기 시작한다. IFS의 아름다움은 우리의 부분들이
자기를 인식하고 연결될 때 부분들이 더 협동적이 되며 그들 자
신 내에서 자기의 에너지가 넘쳐나는 데 있다.

05

양극화 부분을 알아 가는
과정에 대한 기록

다음의 내용은 저자가 양극화 수업의 참가자와 함께했던 한 회기 기록의 첫 번째 부분이다. 이것은 과정의 2단계와 3단계를 보여 준다(양극화된 양쪽 부분으로부터의 분화, 그들을 알아 가는 과정, 각 부분과 신뢰 관계를 발전시켜 나가는 것 등).

Jay(이하 J): 앤, 당신이 작업하고 싶은 양극화된 부분에 대해 말해 보세요.

Anne(이하 A): 흠…… 기여하고 싶다고 강하게 느끼는 부분이 있기는 해요. 이 부분은 제가 세상에 공헌했으면 해요. 워크숍을 진행하거나, 책을 쓰거나, 또는 다른 큰 의미가 있는 일 등, 어떤 방법으로든 인류가 발전하는 데 제가 큰 도움을 줬으면 해요. 그리고 이것과 실제로 양극화된 부분이 있는데, 이 부분은 제가 다른 사람들과 아무런 관계도 맺지 않기를 원해요. 이 부분은 밖으로 나가는 것을 싫어해요. 아파트에만 있기를 바라고, 또는 자연 속에 혼자 있기만을 원해요. 이 부분은 다른 부분이 가족에 의해서 세뇌되었다고 생각하는데, 그 이유는 제가 정치적인 활동을 하는 집안 출신이라고 그런 것 같아요. 제가 생각하기에 어떤 차이를 만들고자 하는 열망은 어떤 조건(conditioning)에서 오는 것 같아요. 차이를 만들기를 원하는 부분은 다른 부분이 제 어린 시절의 어떤 병리적인 측면의 영향을 받고 있다고 생각해요.

J: 그러면 각 부분은 다른 부분에 대해 아주 강하게 비판하고 있군요.

각 부분이 서로 부정적으로 느끼고 있다는 사실을 알아차려야 한다.

A: 네, 그래요.

J: 좋아요. 지금부터 잠깐 시간을 가지고, 당신이 현재 그 부분들과 융합되어 있는 것 같다고 느끼는지 확인해 봅시다.

양극화 작업을 성공적으로 수행하기 위해서, 내담자는 자기(Self)주도로 부분들을 알아 갈 수 있도록 어떤 부분과도 융합되어서는 안 된다.

A: 제가 느끼기에 지금은 사람들과 멀리하고 싶은 부분과 약간 융합되어 있는 것 같아요. 오늘 아침에 몇몇 사람과 좀 어색했거든요.

J: 그렇군요.

A: 제가 생각하기에 사람들은 골칫거리인 것 같아요. 무슨 말인지 아시죠?

J: 좋아요. 그럼 그 부분에게 당신이 그 부분을 알아 가고 도움을 줄 수 있도록 당신으로부터 분리될 수 있는지 물어보세요. 바로 이 시간 동안만 말이에요. 다른 시간에는 꼭 분리될 필요는 없습니다.

A: 네, 그 부분도 기뻐하고, 이 과정에 매우 흥미를 보이네요.

J: 좋아요.

A: 그 부분이 기분 좋게 협조하네요.

J: 좋습니다. 그 점에 대해서는 고맙다고 하세요. 그럼 이제 당신이 차례대로 각 부분에 대해 알아 갔으면 좋겠네요. 먼저 시작하고 싶은 부분이 있습니까?

A: 방금 분리된 부분, '멀리하기 부분(Stay Away Part)'이 다른 부분인 '삶 지향적인 부분(Life Purpose Part)'부터 시작해야 한다고 말하네요. 다른 부분이 먼저 말하도록 하라고 해요. 매우 협조적입니다. 그리고 삶 지향적인 부분은 정말로 말하고 싶어 하네요.

J: 좋아요, 그럼 그 부분부터 시작합시다. 삶 지향적인 부분에 아직 접근하지 않았으면, 잠시 여유를 가지고 그것이 당신의 몸에서 느껴지거나 또는 그것에 대한 이미지가 떠오르면 저에게 알려 주세요.

A: 네, 지금 제 가슴 속에서 고조되는 기분이 느껴집니다. 지금 그

부분이 여기 있는 것 같아요. 그것과 교감하고 있습니다.

J: 그러면 지금 그 부분에 어떤 기분이 느껴집니까?

A: 약간의 애착이 느껴집니다. 아마 제가 그것을 좋아한다고 말할
수 있을 정도네요.

지금이 바로 앤이 삶 지향적인 부분과 관련해서 자기가 주도
하고 있는지 확인해야 하는 시점이다. 그녀는 그 부분에서 분
화되는 것뿐만 아니라 열린 공간(open place)에서 그 부분에 대
해 알아 가는 것에 관심을 기울일 필요가 있다. 그리고 그녀는
그런 것처럼 보인다.

J: 그러면 그 부분이 자신의 역할은 어떤 것이며 당신을 위해 바라
는 것이 무엇인지 말하게 해 보세요.

A: 이 부분은 제가 밖으로 나가서 어떤 기여 같은 것을 했으면 해
요. 전 몇몇 사람에게 유용할 수 있는 지식을 많이 가지고 있어
요. 그리고 많은 사람이 알지 못하는 영적 삶에 접근하는 여러
가지 방법도 알고 있어요. 이 부분은 제가 공헌할 것이 많다고
생각하고, 제가 공헌할 때 열정을 느끼네요.

J: 좋습니다. 그럼 그 부분이 당신을 그렇게 하게 함으로써 얻거나
성취할 수 있는 것이 무엇인지 물어보세요.

A: 음…… 당신이 제게 그렇게 물었을 때 뭔가 매우 흥미 있는 것
이 제 마음을 스쳐 지나갔어요. 이 부분은 제가 어떤 방법으로
든 저 자신의 가치를 증명할 거라고 생각해요. 그건 제게 정말

새로운 정보예요. 그 부분은 내가 공헌하는 것이 다른 사람에게 나의 가치를 증명하는 하나의 방법이라고 생각하네요.

J: 그 부분에게 당신이 자신의 가치를 증명하면 무엇을 해 줄 것인지 한번 물어보세요.

A: 이건 정말 재미있군요. 아마 여기엔 입증될 수 있는 상처받고 모욕받은 어린 유배자가 있는 것 같아요.

J: 좋아요. 모욕을 받고 상처받은 감정을 가진 유배자가 한 명 있군요. 그리고 삶 지향적인 부분은 당신이 밖에서 공헌하고 사람들이 당신의 가치를 인정해 주는 것을 통해 그를 보호하려고 하는군요. 그렇죠?

A: 네, 그리고 이 부분은 제가 어렸을 때, 사람들이 절 놀리던 것을 보고 있네요. 그들은 제가 이상하다고 생각하고 너무 감성적이라고 비난했어요. 유배자는 이러한 것 때문에 상처를 받았네요. 감성적인 것은 선물이지 골칫거리가 전혀 아니에요. 그래서 이 보호자는 어떻게 해서든 유배자를 위해서 주변의 것들을 호전시키려고 노력해요. 보호자는 감성이 강력한 것이라는 점을 유배자가 느끼게 해 주고 싶어 해요.

보호자의 동기가 제 재능의 자연적인 표현 같이 느껴져요. 그러나 거기에는 통렬함이 존재해요. 보호자는 다른 사람들이 저의 감성을 평가절하할 때 그들이 틀렸다는 것을 보여 주고 싶어 하네요.

J: 좋아요. 그러면 이 부분의 동기에는 두 가지 측면이 존재하네요. 하나는 당신의 재능을 드러내고 당신의 삶의 목적에 따라

살려고 하는 자연적인 욕망, 다른 하나는 유배자를 보호하는 것
이네요.

A: 맞아요.

일반적인 사례에서 볼 수 있듯이, 삶 지향적인 부분의 동기
의 한 측면은 건강하지만 다른 한 측면은 '극단적'이다. 그녀의
재능을 표현하고 세상에서 좋은 일을 하려는 욕망은 건강하다.
반면에 그녀의 감성이 나쁘기보다는 가치 있다는 점을 증명하
려는 욕망은 좀 더 극단적(역기능)이다. 이는 그녀가 어렸을 때
상처받은 자아 속에 존재하는 유배자를 보호하기 위한 것이기
때문이다. 이것이 삶 지향적인 부분의 보호적인 면이다.

J: 보호자가 당신이 보호자에 대해서 더 알기를 원하는 것이 있는
지 한번 보세요.

A: 아니요. 그것이 보호자가 정말로 말하고 싶어 하던 것이네요.

J: 그러면 당신은 보호자나 이 부분이 당신을 위해 한 것에 대해서
고마움을 느끼나요?

A: 네, 전적으로 그렇습니다.

J: 네, 당신이 그렇게 보이네요. 그러면 보호자가 그것을 알도록
하세요. 이미 알고 있을지도 모르지만, 그렇지 않을 경우를 대
비해서요. 그 부분이 당신이 고마워한다는 것을 알도록 해 주
세요.

A: 그렇게 하겠어요.

J: 어떻게 반응하나요?

A: 알아차린 것처럼 느껴지네요. 음…… 평온하고…… 보기에, 느끼기에 좋습니다.

앤은 단지 삶 지향적인 부분의 역할을 발견한 것만이 아니다. 그녀는 그것에 대한 고마움을 표현함으로써 좋은 연결 관계를 만들었다. 이 과정은 두 부분이 서로 대화할 때 도움이 될 것이다.

J: 좋습니다. 그러면 지금 보호자가 멀리하기 부분에 대해 어떻게 느끼는지 물어보세요.

A: 그 부분에 대해서 아주 화가 나 있는데요. 항상 그 부분이 방해한다고 느끼고 있었어요.

J: 알겠습니다. 그럼 삶 지향적인 부분에게 당신이 지금부터 멀리하기 부분에 대해서 알아 가도 괜찮은지 물어보세요.

A: 제가 다른 부분이 행동하지 않게 하겠다고 안심시켜 주길 바라네요.

J: 네, 당신이 오로지 멀리하기 부분에 대해서 알아 가는 것만 하겠다고 안심시켜 주세요. 그 부분이 주도하도록 내버려 두지 않겠다고 말이에요.

A: 네, 이제 반대하지 않네요.

처음에 삶 지향적인 부분은 다른 부분이 주도하고 다른 사람들로부터 멀어지게 할까 하는 두려움 때문에 앤이 다른 부분을

알아 가는 것에 대한 허락을 망설였다. 그러나 그녀가 그런 일
이 일어나지 않는다고 확신시켜 주자, 허락해 주었다.

J: 그럼 다른 부분에 대해서 집중을 해 보죠.

A: 네.

J: 지금 당신에게 다른 부분에 대한 이미지나 몸의 감각이 있
나요?

A: 이건 마치 커다란 뿔을 가진 큰 양 같아요. 다른 것으로부터 멀
어지기 위해 모든 것을 밀어내고 있어요. 아주 방어적이에요.
그리고 무작정 달려들어서 그들이 떠나도록 부숴 버리는 것을
좋아하네요. 이 양의 부분은 전혀 세련되지 않았어요.

그녀가 이 부분을 더 잘 알아 갈수록 그것의 이름은 바뀌었
다. 흔히 있는 일이다.

J: 지금 당신은 그 양의 부분(Sheep Part)에 대해 어떻게 느끼고 있
나요?

A: 많은 애정을 느끼고 있어요. (웃음)

J: 좋습니다.

A: 그러나 제가 그 부분에 관심을 집중할 때, 약간 두통을 느껴요.
제 머리 주변에서 그 부분을 억압하는 에너지를 느낄 수 있어
요. 이런 것이 절 마비시켜요. 제가 생각하기에 이건 단지 어떤
물체에 맞아서 생긴 것이 아니에요. 이것은 어떻게든 제 의식을

거부하고, 제 감성을 거부해요. 마치 감각을 마비시키는 것 같아요.

J: 그러면 그 부분에게 무엇을 원하고 어떤 것에 관심이 있는지 말하도록 정중하게 부탁해 보세요.

A: 그 부분은 모든 사람이 절 완전히 혼자 내버려 두길 원한다고 말해요. 그 부분이 말하기를 전 혼자 있을 때가 더 좋대요. 제가 자연과 잘 지낼 수 있고 정말 충만감과 균형을 느낄 수 있데요. 그 부분은 제가 내적 체계와만 잘 지내고 다른 사람과는 전혀 관계를 맺을 필요가 없기를 원해요. 이게 바로 그 부분이 제게 원하는 거예요.

J: 다른 사람들이 당신에게 하는 행동 때문에 그 부분이 그들로부터 멀리 떨어지는 것을 원하게 하는, 그 부분이 두려워하는 그 행동이 무엇인지 그 부분에게 물어보세요.

A: 전 제가 어린아이이고 큰 사람들이 제 귀에다 바로 대고 소리 지르는 이미지가 있어요. 이것은 마치 끔찍한 잡음이 끊임없이 지속되는 느낌이에요. 정말 정말로 소리가 커요. 방해가 너무 심해서 제가 무슨 생각을 하는지 알 수 없어요. 전 제 자신에 대해서도 느낄 수 없어요.

J: 들어보니 이 부분은 다른 사람들이 당신이 자신을 느끼지 못하게 하는 것을 정말로 걱정하는 것 같군요. 그렇죠?

A: 네, 머릿속에 한 어린 소녀가 귀와 머리를 감싸고 자신을 보호하려고 하고, 모든 광기를 떨쳐 버리려는 이미지가 떠오르네요. 슬픔이 밀려 와요.

J: 그 어린 소녀가 같은 부분인 것 같아요, 아니면 다른 것 같아요?

A: 아마 그녀가 양의 부분이 보호하는 유배자인 것 같아요. 유배자도 다른 사람들로부터 오는 시끄럽고 혼란스러운 것들에 의해 너무 압도되고 있는 것 같아요.

앤이 양의 부분에게 무엇을 두려워하는지 물어봤을 때, 그녀는 그 부분의 긍정적인 의도를 발견했을 뿐만 아니라 그 부분이 보호하는 유배자에게도 접근할 수 있었다.

J: 당신은 그녀를 볼 때 슬픔을 느끼는군요.

A: 네.

J: 그 슬픔은 그녀의 슬픔인가요, 아니면 당신이 그녀에게 느끼는 슬픔인가요?

A: 그녀에게 느끼는 슬픔이에요.

J: 좋습니다. 양의 부분이 정말로 그녀를 지키려고 한 것이군요…….

A: 네.

J: …… 다른 사람들의 방해와 고함소리로부터 말이에요.

A: 그리고 그것은 폭력이기도 해요. 소음뿐만이 아니에요. 신체적 학대예요.

양의 부분은 앤이 어린 시절 겪은 분노와 폭력으로부터 그녀를 지키기 위해 노력하고 있다.

J: 그러면 양의 부분에게 그녀를 보호하기 위해서 어떻게 노력하는지 말해 보라고 하세요.

A: 양의 부분은 제가 다른 사람들과 있을 때 무척 스트레스를 받고, 제가 혼자 있을 때 정말 좋고 평화롭다고 느끼게 하네요. 그리고 그렇지 않을 때보다 훨씬 극단적이 되도록 해요.

J: 그게 당신이 다른 사람들과의 경험에 대해 훨씬 스트레스를 받게 하는군요.

A: 네.

J: 어떻게 해서 그렇게 되는지 물어보세요.

A: 양의 부분은 제가 다른 사람들과 있으면 제 에너지가 흡수당한다고 믿게 해요. 그리고 저를 정말 피곤하게 하고, 혼자 있기를 바라는 열망을 느끼게 해요.

J: 양의 부분에게 당신이 양에 대해서 더 알았으면 하는 부분이 있는지 한번 알아 보세요.

A: 이건 오히려 적대적이네요. 양의 부분은 '난 절대로 네가 다른 사람들과 함께하는 것을 허락하지 않을 거야. 난 항상 널 이 자리에서 지키겠어.'라고 말해요.

J: 그 감정은 당신에 대한 적대감인가요?

A: 네, 마치 '이것을 망치지 마.'라고 하는 것 같아요. 양의 부분은 또 '내가 책임자야. 내 방식대로 진행되도록 할 거야. 시스템을 절대로 혼란스럽게 해서는 안 돼.'라고 말하네요.

J: 오호라. 양의 부분이 당신에 대해 적대감을 느끼게 하는 어떤 행동을 당신이 하려고 한다면 무엇이 두려운지 양의 부분에게 물

어보세요.

A: 내 삶의 목적이 양의 부분의 소망을 무시해 버리는 게 두렵다고 하네요. 삶 지향적인 부분이 너무도 강해서 결국에는 이겨 버릴 것 같다면서요.

J: 그럼 양의 부분이 두려운 것은 그러한 분노가 없다면 다른 부분이 주도권을 차지해 버리고 다시는 어린 소녀를 보호하지 못하게 될 것 같기 때문이군요.

A: 네, 그렇게 말할 수 있겠네요. 아, 양의 부분에 대해서 정말 흥미로운 감정이 있어요. 양의 부분이 정말 비열하고 악랄해지기 시작하는 것 같아요. 삶 지향적인 부분이 다정하다는 것은 이해하는데, 그 다정함이 이기는 꼴을 못 보겠다고 하네요. 그래서 그 둘의 감정이 이처럼 너무 양극화되어 있어요.

J: 양의 부분에게 다정함이 이기면 무슨 일이 생기는지 한번 물어보세요.

A: 사람들이 제게 자연스럽게 끌리게 된대요.

J: 그렇게 사람들이 끌리게 된다면 어떤 일이 발생하기에 그렇게 두려운 거죠?

A: 그러면 제 주변에 사람들이 많이 모이게 되고, 그들은 소리를 지르기 시작할 거고, 폭력적이고 비열하게 될 거에요. 절 아주 안 좋게 대하면서요.

양극화가 어떻게 양의 부분을 더 극단적으로 몰고 가는지에 주목하라. 양의 부분은 삶 지향적인 부분에 대응하기 위해서는

적대적이어야 한다고 믿고, 그를 통해 상처받은 유배자를 보호
할 수 있다고 생각한다.

> J: 저는 당신이 소리 지르는 것을 들었을 때 정말로 고통을 느낀
> 다는 것을 알 수 있겠어요. 그것은 아마도 유배자의 고통일 거
> 예요.
>
> A: 네.
>
> J: 양의 부분이 당신을 유배자의 고통으로부터 보호하려고 노력하
> 고 있다면, 저는 양의 부분이 그렇게 보호적이 될 필요를 느끼
> 는 이유를 확실히 알 것 같아요.
>
> A: 네.
>
> J: 당신은 유배자에게서 좀 분리되어야 할 필요가 있나요? 아니면
> 여전히 자기(Self)가 주도하고 있나요?
>
> A: 네. 저의 자기가 주도하고 있어요.

이 시점에서 앤은 유배자의 고통을 느꼈다. 그래서 그녀가 그
유배자와 지나치게 융합되어 있는지 혹은 괜찮은지 검토했다.
그녀는 확고하게 자기가 주도하고 있어서 유배자의 그러한 고
통을 별 문제 없이 느낄 수 있다. 그래서 우리는 안전하게 계속
진행할 수 있다.

> J: 그것은 마치 양의 부분이 유배자를 보호하려는 의도를 당신이
> 고마워한다는 것처럼 들리네요.

A: 네, 정확합니다.

J: 그럼, 그 부분이 하려고 하는 행동에 대해서 당신이 고마워하고 있다는 것을 알려 주세요.

A: 양의 부분이 더 이상 자신의 역할을 하기를 원하지 않아서 진정으로 큰 충격을 받았어요. 이것은 마치 양의 부분이 큰 뿔을 길러 왔고 그 뿔 때문에 그리고 모든 것을 항상 밀어내려는 것 때문에 두통이 생긴 것 같네요. 하지만 동시에 유배자가 상처받는 것을 정말로 두려워하고 있어요. 그리고 제가 그것을 그렇게 나쁘게 보지 않는데도, 안 좋게 보이는 것에 대해서 걱정하고 있어요.

양의 부분은 앤의 감사하는 마음을 느낀 후, 자신의 역할에 대한 융통성 없는 애착을 완화시켰다. 이러한 변화는 십중팔구 그것이 인지하는 위험을 도와주기 위해 자기(Self)가 거기에 있다는 것을 깨달았기 때문인 것 같다. 일단 애착을 완화하자 양의 부분은 자신의 역할에 싫증을 느꼈다.

J: 당신이 그것을 나쁘게 보지 않더라도, 좋지 않게 보는 다른 부분들이 있을 수 있어요. 그래서 그런 것에 대해 걱정하나요?

A: 그리고 제 주변의 사람들은 거리를 두는 습관을 정말 안 좋게 생각하네요.

J: 물론이죠, 그러면 이해가 되네요. 양의 부분은 다른 사람들이 그렇게 느끼게 해서 당신에게 가까이 오지 못하게 하도록 부분

적으로 의도되었기 때문이죠?

A: 네.

J: 우리가 양의 부분이 원하면 역할을 그만둘 수 있을 만큼 충분히 안전하게 하는 작업을 하고 있다는 점을 양의 부분이 알게 하는 게 좋을 것 같아요.

A: 이 부분은 진퇴양난에 빠져 있는 것 같아요. 그것은 정말로 그 역할을 포기하기를 원하지만, 유배자를 매우 두려워하네요. 하지만 이제는 정말로 저의 지지를 느끼고, 단순히 딜레마에 빠져 있는 것 같지만은 않다고 느끼고 있어요. 도움을 좀 받았대요.

이 사례는 자기와 양극화된 각 부분의 관계를 발전시키는 것이 얼마나 중요한가를 보여 준다. 일단 그들이 자기와 연결되었다고 느끼게 되면, 그들은 서로 협동하는 것을 배울 정도로 유순해진다.

이와 관련된 내용이 이 책의 뒷부분에서 더 나올 것이다. 양극화를 해결하기 위해서 IFS를 사용하는 것의 큰 장점 중 하나를 사례를 들어 설명한다. 양극화된 부분들 사이의 대화를 포함하는 여러 다른 치료방법도 있지만, 그것들은 부분들이 단순히 서로 말하도록 하는 것에 그친다. IFS는 여기에 더하여 자기가 중요함과 대화를 시작하기 전에 양극화된 각 부분을 자기와 연결시켜야 함을 이해하도록 한다. 이것은 아주 큰 차이를 만든다.

사용할 접근 방법 결정하기

일단 내담자가 양극화된 각 부분과 연결되고 나면, 당신은 상황을 통합하고 부분 간의 협동을 이끌어 내는 단계로 진행할 수 있다.

양극화된 각 보호자는 두 가지 이유로 극단적인 역할에 고착되어있다는 것을 기억하라. ① 유배자를 보호하기 위해서, ② 위험하다고 생각되는 부분과 양극화된다. 이러한 상황을 해결하기 위해 두 가지 방법 중 하나를 선택할 수 있다(하지만 많은 사례에서 두 가지를 동시에 행해야 할지도 모른다).

첫째, 한 부분이나 두 부분에게서 모두 보호받고 있는 유배자(혹은 유배자들)의 짐을 덜어 줘라. 그리고 서로 다른 부분끼리 잘 지내도록 보호자가 방어적인 역할을 그만두도록 도와줘라. 보호자는 아주 약하고 상처받은 유배자를 보호하기 위해서 극단적이기 때문에 아마 유배자가 치유되기 전까지는 역할을 그만두지 않을 것이다. 그러므로 일반적인 IFS 접근방법을 따르면서 보호자에게서 유배자에게 접근해도 된다는 허락을 받은

뒤에 유배자에 대해 알아 가기 위한 과정을 따라가라. 즉, 주어
진 짐의 근원을 확인하고, 양육(Reparent)하고, 회복시키고, 짐
을 덜어 줘야 한다. 이러한 과정 후에 보호자가 안심하고 역할
을 할 수 있도록 도와줘야 한다.

저자는 이 책에서 이러한 과정이 양극화 작업과 어떻게 연관
되어 있는지를 제외하고는 그것의 세부적인 사항을 다루지 않
을 것이다. 당신이 만약 유배자와 함께 치유를 진행하는 것에
익숙하지 않다면, 저자의 책 『Self-Therapy』의 제10~15장을
참고하면 된다.

둘째, 두 부분이 통합을 위한 대화를 하도록 하라. 이 과정은
서로 싸우기보다는 협동하는 방법을 배우는 데 도움이 될 것이
다. 이러한 대화를 가능하게 하는 방법은 이 책의 다음 부분에
서 다루고 있다.

두 부분이 양극화되지 않은 상태라 하더라도, 가끔 두 부분
이 서로 대화하도록 하는 것이 유용하다고 언급하는 것은 가치
가 있다. 예를 들어, 내적으로 비판하는 부분과 그 비판을 받아
들이고 기분 나빠 하는 부분의 사례에서, 저자는 때때로 부분들
에게 서로에 대해서 소개하는 것이 유용하다는 것을 알 수 있었
다. 비판하는 부분은 종종 자신이 야기하는 고통을 모르기 때
문이다.

1. 사용할 접근법을 결정하는 방법

양극화 과정에서의 4단계는 어떤 접근법을 사용할지 결정하는 것을 포함한다. 가끔 양극화는 주로 한 보호자의 극단적인 행동 혹은 감정 때문에 발생하는 것처럼 보이는데, 다른 쪽은 대부분 이러한 상황을 수정하거나 잘 다루기 위해 시도하는 편이다. 일반적으로 이 부분의 극단적인 성향은 유배자를 보호하기 위한 시급한 필요에서 비롯하는 경우가 많아서, 그것이 우선 유배자의 짐을 덜어 주기 위한 것이라는 점을 이해할 수 있다. 그런 다음 당신은 보호자가 덜 극단적이 될 수 있는지 혹은 심지어 그것의 역할을 그만둘 수 있는지 확인하면 된다. 이러한 과정은 양극화를 해결할 수 있다. 만약 그렇지 않더라도, 유배자를 치유하는 것은 대화를 사용해서 양극화를 해결하는 과정을 더욱더 쉽게 할 수 있다.

일을 아주 열심히 하도록 하는 감독자 부분(Taskmaster Part)과 일의 위협을 알고 일하는 것을 피하게 하는 미루기 부분(Procrastination Part)이 양극화를 이루는 한 내담자의 사례를 보자. 미루기 부분이 일을 맡고 그것을 실패하는 것에 대한 두려움이 있어서 극단적인 상태라는 것을 당신이 알고 있다고 가정하자. 양의 부분은 내담자가 어렸을 때 비판을 받고 모욕을 받은 유배자를 보호하고 있다. 이 사례에서, 당신은 아마 유배자가 치유되지 않거나 미루기 부분이 놓아 주지 않는다면 견인력을 얻지 못할 것이다.

반면에, 때때로 양극화 뒤에 숨겨져 있는 주요한 원동력은 두 부분이 서로 반대하려고 노력하는 것처럼 보이게 할 것이다. 이것은 두 부분이 유배자를 보호하지 않는다는 것이 아니라 오히려 기본적으로 서로 대립하는 데 초점을 맞추며, 여기에서 양극화가 초래된다. 이 경우에는 통합을 위한 대화를 시작하는 것이 의미가 있다. 두 부분이 협동하게 도와주면 유배자를 치유하지 않고 양극화를 해결할 수 있게 되거나, 또는 서로 더 잘 통하는 내적인 관계를 만들어 유배자에게 접근하고 치료하는 것을 더 쉽게 해 줄 수 있을 것이다.

예를 들어, 감독자 부분과 미루기 부분 사이에 다른 양극화된 상황이 있다고 상상해 보자. 극단적으로 일을 미루고 있다기보다는, 너무 심하게 몰아붙이는 감독자 부분과 극단적인 압력에 대항하는 미루기 부분이 투쟁하는 상황이라고 가정해 보자. 덧붙여서 감독자의 성공하고자 하는 과도한 욕망은 극단적으로 몰아붙이는 아버지를 따라 모델화되었고, 그의 비판으로부터 보호하기 위해 형성되었다고 생각해 보자. 당신은 아마 내담자와 함께한 다른 치료 과정에서 보호받고 있는 유배자(아버지에 의해 상처받은)가 그렇게 심하게 상처 받지 않았다는 것을 알 수도 있다. 그러면 유배자에 대한 치유보다는 통합을 위한 대화를 시작하는 것이 합당할 것이다.

어떤 경우에서는 두 부분이 무작정 서로 싸우는데, 이는 내담자가 팽팽한 긴장감이 감도는 상황과 양극화된 생활환경에서 자라 왔으며, 그러한 외적 환경을 내적으로 재구성하고 있기 때문이다.

당신이 보호자에 대해서 알아 갈 때, 보호자가 보호하는 유배자에 대해 더 걱정하는지, 아니면 양극화된 다른 부분에 대해 더 집중하는지를 알 방법이 한 가지 있다. 보호자에게 일반적인 IFS 질문을 하라. '만약 당신의 역할을 다하지 않을 경우 발생할 어떤 일이 가장 두렵나요?' 보호자가 '당신이 모욕감을 느낄까 봐(혹은 다른 고통스러운 감정) 두려워요.'라고 대답한다면, 이것은 수치심을 느끼는 유배자를 가리키는 것이다. 만약 '당신이 비판받을까 봐 두려워요.'라고 대답한다면, 비판받은 유배자를 의미한다. 이러한 양쪽 상황 모두 보호자가 주로 유배자를 중시한다는 점을 말해 주기 때문에, 당신은 유배자를 치유하는 과정으로 시작하는 것이 더 좋다.

만약 보호자가 '당신이 버럭 화를 낼까 봐 두려워요(혹은 다른 파괴적인 행동).'라고 말한다면, 이것은 양극화된 부분을 시사한다. 두려워하는 행동에 관여하는 부분이 바로 그 부분이기 때문이다. 이는 보호자가 양극화된 다른 부분에 대항하는 데 기본적으로 관심이 있다는 것을 알려 주는 지표일 수 있으며, 통합을 위한 대화를 시작하는 것이 더 좋은 해결책이 될 것이다.

당신이 어떤 접근법으로 시작하든지 간에, 당신은 다른 방법을 쓰는 것을 원할 수도 있다. 그러므로 어떤 것부터 시작하는지는 그렇게 중요한 문제가 아니다. 예를 들어, 어떤 경우는 당신이 통합을 위한 대화로 시작한다 할지라도, 양극화를 해결하

기 위해서 여전히 보호받고 있는 유배자를 치유해야 할 필요가
있다. 혹은 당신이 양극화를 해결하기 위해서 유배자를 치유할
필요가 없다 할지라도, 내담자의 웰빙을 위해서 어느 시점에 유
배자를 치유하는 것이 더 좋을 것이다.

　다른 한편으로는, 당신이 한쪽 혹은 양쪽 유배자를 모두 치유
하는 것으로 시작할지라도, 완전하게 양극화를 해결하기 위해
서는 여전히 통합을 위한 대화를 시작할 필요가 있다.

통합 대화 허락받기

대화하기로 했다면 당신은 다섯 번째 단계, 즉 양극화된 부분들로부터 대화를 허락받는 단계로 넘어가야 한다. 내담자에게 양극화된 각 부분이 갈등을 해결하기 위해 다른 부분과 기꺼이 대화할 것인지 물어보도록 하라. 그 대화는 당신의 도움으로 내담자(in Self, 본연의 모습으로)의 지도하에 이루어진다는 것을 명확히 하라. 당신은 각 부분에게 당신이 다른 부분과 했던 작업을 알고 있는지를 물어봐야 할 수도 있다. 만약 그렇다면, 그러한 사실은 부분들이 서로 대화하는 데 더욱 열려 있을 수 있게 해 줄 것이다.

많은 경우 양극화된 두 부분은 대화하는 데 동의할 것이다. 당신이 앞서 양극화된 각 부분과 신뢰 관계를 발전시키도록 이미 작업했기 때문이다. 그러나 만약 둘 중 한 부분이라도 동의하지 않는다면, 내담자에게 대화 중에 어떤 일이 일어날 것을 두려워하는지를 그 부분에게 물어보도록 하라. 그런 다음에 내담자가 그 부분에게 파괴적인 어떤 일도 일어나도록 놔두지 않을 것임을 재차 확신시킬 수 있다.

여기에 양극화된 부분들이 대화에 임하는 데서 느끼는 몇 가지 공통적인 두려움과 그 두려움을 다루는 방법을 소개한다.

첫째, 한 부분은 다른 부분이 내담자를 장악하여 위험한 일을 할 것을 두려워한다. 예를 들어, 한 부분은 다른 부분이 그동안 갇혀 있던 상자에서 빠져나오면 분노하게 될 것이라고 두려워한다. 이럴 때는 내담자가 자기(Self)가 주도하고 있을 것이며 다른 부분이 자신을 장악하도록 허락하지 않을 것이라고 설명하도록 하라. 덧붙여 만약 필요하다면 당신이 함께할 것이라고 말해 줄 수 있다. 물론 당신이나 자기가 다른 부분이 장악하는 것을 금지한다는 의미는 아니다. 우리는 IFS에서 결코 부분들에게 강요하지 않는다. 이는 당신이 지향하는 것이 내담자가 자기주도 상태에 머물도록 돕고 만약 다른 부분이 내담자를 장악하더라도 당신은 내담자가 거기에 휘둘리지 않도록 돕는다는 뜻이다. 당신은 여기에 덧붙여 통합 대화에 참여함으로써 양극화된 부분이 위험한 일을 할 가능성이 덜하다고 말해 줄 수 있다.

둘째, 한 부분은 다른 부분에게 공격당할 것이 무서워 대화를 두려워한다. 예를 들어, 한 부분은 내부 비판자 부분이 내담자나 다른 부분을 비판하기 시작할 것을 두려워할 수 있다. 이럴 때는 당신과 내담자가 대화를 책임질 것이며, 만약 다른 부분이 공격한다면 공격하게 한 두려움이 무엇인지 질문해서 대화를 다른 방향으로 전환할 것이라고 설명하라. 당신은 각 부분이 협동하는 것을 배우도록 격려할 것이다. 내담자가 이미 이전의 회기에서 다른 부분과 안전하게 연결되었다는 것을 겁먹은 부분에게 상기시키라.

셋째, 한 부분은 대화가 다른 부분을 정당화할 것이라는 느낌 때문에 다른 부분과 이야기하기를 원하지 않는다. A부분은 B부분이 너무 사악하여 발언 시간을 주어서는 안 된다고 믿는다. A부분은 B부분을 완전히 무시하고 무관하게 있고 싶어 한다. 이럴 때는 B부분이 내담자를 위한 긍정적인 의도를 가지고 있으므로 B부분의 말을 들을만한 가치가 있다고 설명하라. 또한 B부분을 외면하는 것은 오히려 그것이 내담자의 의식 밖에서 (무의식적으로) 작동하게 하여 더 큰 해를 끼치기 때문에 효과가 없다는 것을 명확히 하라. 더욱이 대화의 결과는 B부분이 더 이상 파괴적인 행동을 취하지 않을 새로운 협동적인 상황으로 마무리될 것이다.

필요하다면 내담자가 대화를 허락받는 데 치료자로서의 당신의 권위와 당신에 대한 내담자의 신뢰를 사용하라. 당신이 이런 종류의 대화에 경험이 있고 자신이 하는 일을 잘 알고 있다고 설명하라. 내담자의 부분들에게 당신이 대화의 책임자고 어떤 파괴적인 일도 일어나도록 하지 않을 것임을 재확인시켜라.

당신은 대화를 위한 탄탄한 기초를 갖추고 있다. 이미 내담자가 각 부분을 서로 알게 하고 그 부분들의 긍정적인 의도를 발견하도록 작업했기 때문이다. 이런 과정을 거치는 동안 내담자는 각 부분이 어떻게 도움이 되려고 노력했으며 상처받은 유배자(a wounded exile)를 보호하기 위해 노력했는지를 알게 된다.

더욱이 다른 양극화된 부분은 보통 전면에 나서지 않으며 배후에서 듣고 있었다. 또한 그것은 첫 번째 부분이 비록 전적으로 사악하고 파괴적이지만 실제로는 상처받은 내면아이 부분을 보호하려고 노력하였음을 발견했다. 이러한 이해는 부분들 사이의 반감을 무너뜨리는 데 도움이 된다. 각 부분은 다른 부분이 정말로 내담자를 도우려고 노력하고 있다는 것을 보기 시작한다. 그래서 각 부분은 반대 부분이 문제를 일으키고 있다고 생각할지라도 그 부분들은 서로에게 더욱 열려 있게 되고 더욱 기꺼이 대화할 것이다.

예를 들어, 댄의 음주 통제자는 처음에 술꾼을 싫어했다. 술꾼이 댄의 삶에 심각한 문제를 일으키고 있었기 때문이다. 그러나 음주 통제자는 술꾼에 대한 댄의 작업을 우연히 알게 되었고, 술꾼이 자신의 엄마에게 심하게 거부당한 상처받은 어린 소년을 보호하기 위해 노력하고 있었다는 것을 알게 되었다. 그 결과, 음주 통제자는 술꾼에 대한 자신의 자세를 누그러뜨렸다. 음주 통제자는 술꾼이 엄청난 고통에 대처하기 위해 최선을 다하고 있었다는 것을 깨닫고 술꾼과의 대화에 좀 더 열린 마음으로 임하게 되었다.

만약 한 부분이 허락하지 않는다면, 이는 당신이 내담자가 그 부분과의 관계를 개선하도록 더 많은 작업을 할 필요가 있음을 나타낸다. 그 부분은 아마도 대화가 성공적일 만큼 자기에 대한 충분한 신뢰를 발달시키지 못했을 것이다. 내담자가 그 부분에게 자신을 믿지 않는지를 묻게 하고 그런 다음에 신뢰의 문제를 가지고 작업하도록 하라. 또는 내담자가 진정으로 그 부분에게 감사하고 있는지, 그리고 그 부분이 내담자가 감사하고 있음을 이해하는지를 확인하라. 만약 그렇지 않으면, 내담자가 진실로 부분을 이해하고 감사하도록 지지하는 데 더 많은 시간을 할애하거나 부분이 내담자의 감사함을 받아들이도록 하는 작업에 더 많은 시간을 할애하라.

통합 대화 시작하기

일단 내담자가 양극화된 두 부분의 허락을 얻으면, 이제는 통합 대화를 준비하고 시작할 때다. 이것은 과정의 여섯 번째 단계다.

1. 대화를 준비하기

대화를 시작하는 세 가지 방식이 있다. 외부적으로, 내면의 공간에서 또는 그 두 방식의 혼합이다.

1) 외부적으로 (대화를 준비하기)

이러한 준비는 게슈탈트 치료에 의해 개척된 방식이다. IFS에서 이것은 '직접적인 접근'의 형태로 여겨진다. 치료자가 직접적으로 부분들에게 이야기하기 때문이다(그리고 나서 그 부분들이 서로 이야기한다). 당신은 세 개(또는 그 이상)의 의자나 베개를 준비하는데, 두 개는 양극화된 각 부분을 나타내고 하나는 자기(self)를 나타낸다.

한 부분이 이야기할 때 내담자는 그 의자에 앉아서 그 부분을 구현하거나 그 부분의 역할을 연기한다. 또 다른 방식은 내담자가 의식적으로 그 부분과 융합되는(blending) 것이다. 내담자는 보통 어떤 부분과 융합되는 상태를 자각하지 못하기 때문에 일반적인 융합과는 다르다. 이런 경우에 내담자는 의식적으로 그 부분과 융합되는 것을 선택하는데, 이는 내담자가 그 부분의 감정에 압도되지 않고 그 부분의 세계관을 믿지 않는 것을 의미한다. 내담자는 그 순간에 그 부분이 되지만 자신의 균형 감각을 유지한다.

내담자는 그 부분이 되어 큰소리로 말한다. 그가 다른 의자를 바라보며 마치 빈 의자에 다른 부분이 앉아 있는 것처럼 그 부분과 대화하도록 한다. 그런 다음에 내담자는 자리를 바꾸어서 다른 부분이 된다. 그리고 첫 번째 부분에게 큰소리로 되받아 이야기한다. 당신은 내담자가 언제 의자를 바꿀지, 때때로 어떤 말을 할지를 조언해 준다. 도움이 될 것 같은 때는 언제든지 내담자가 자기 의자로 돌아와서 대화를 촉진하기 위해 자기로서 이야기하도록 한다. 만약 내담자가 분리 상태를 유지하는 것에 어려움을 느낀다면, 당신은 각 부분이 자기에게 재접근하기 위해 이야기한 후 잠시 동안 내담자를 자기 의자에 앉아 있게 할 수 있다.

이러한 접근의 이점은 내담자가 각 부분에 접근하고 그 부분들을 알아 가기가 쉽다는 것이다. 모든 부분이 매우 생생하게 다가오고, 그 부분의 감정과 신념이 내담자에게 자연스럽게 이해된다. 또한 내담자가 자신의 부분들이 서로 이야기하는 것을 쉽게 경험할 수 있다. 내담자들은 거의 자신의 부분들을 혼동하지 않는다. 이 접근법은 특히 자신의 부분들에 접근하는 것이 어렵거나 자신의 부분들을 뒤죽박죽 섞어 버리는 경향이 있는 내담자들에게 도움이 된다. 그러한 내담자는 한 부분과 다른 부분을 구분하는 것에 어려움을 느끼거나 의식하지 못한 채로 한 부분에서 다른 부분으로 건너뛴다. 이 외부적 접근은 그러한 내담자들이 자신의 부분들을 명확히 알도록 돕는다.

외부적 접근의 불리한 점은 자기에게 접근하는 것이 쉽지 않을 수 있으며, 돌발적인 융합이 일어날 수 있다는 점이다. 내담자가 의식적으로 각 부분과 융합되기 때문에 자기가 부분과 동시에 존재하지 않는다. 당신이 내면의 대화를 촉진하는 동안, 내담자가 부분 간에 대화하는 것을 들을 때는 자기주도로 존재한다. 이것은 내담자가 더 쉽게 자기주도 상태에 머무를 수 있게 하고 어떤 부분에 너무 융합되지 않도록 한다.

2) 내부적으로 (대화를 준비하기)

내담자는 양극화된 두 부분을 그 부분들이 서로 이야기할 수 있는 내부의 공간으로 함께 가져온다. 이것은 시각적일 수 있다. 예를 들어, 두 부분이 함께 방에 앉아 있거나 협상 테이블에 앉아 있는 것을 보는 것이다. 또는 내담자가 단지 서로 의사소통할 수 있는 장소에 있는 부분들을 느끼기만 할 수도 있다. 각 부분이 이야기할 때, 내담자는 그 부분들이 말하는 것을 내면으로 듣고 그 내용을 당신에게 보고한다.

내담자는 또한 대화를 촉진하도록 내면의 공간 안에서 자기주도로 존재해야 한다. 그러나 내담자가 내부의 공간에서 자신의 이미지를 보는 것은 아니라는 점을 명확히 하라. 내담자가 보는 어떤 이미지도 자기가 아니다. 자기는 관찰자(주체)이지 결코 객체가 아니다. 만약 내담자가 자신이 한 부분에 이야기하는 이미지를 본다면, 내담자가 보고 있는 것은 또 다른 부분이지 자기가 아니다. 그 공간에서 내담자는 자기를 보는 것이 아니라 단지 느껴야만 한다.

이러한 내부적 접근의 이점은 내담자가 항상 자기주도인 동시에 한 부분과 함께하고 있어서 쉽게 강한 자기주도로 존재할 수 있다는 점이다. 불리한 점은 몇몇 내담자가 자신의 부분들에 접근하는 것을 어려워할 수 있고 각 부분을 하나의 의자로 대표하는 것과 같은 명확성 없이 그 부분들을 혼합해 버릴 수 있다는 점이다.

3) 혼합 (방식으로 대화를 준비하기)

내담자는 앞의 내용과 같이 내면의 대화를 준비한다. 그리고 각 부분이 내면에서 이야기할 때 외부적으로 두 개의 다른 의자에 앉는다. 이러한 접근은 내담자가 각 부분에 더 명확하게 접근하고 그 부분들을 계속 구별하도록 돕는다. 외부적 작업과 내면적 작업을 혼합하는 방식은 다양하다. 그러므로 각 내담자에게 가장 적합한 접근방식을 결정하는 데 당신의 창의성을 발휘하라.

2. 대화를 시작하기

한 부분이 다른 부분에게 이야기함으로써 대화를 시작할 수 있다. 때때로 한 부분은 자기(Self)에게 먼저 이야기하기를 원할 수도 있다. 그러나 그럴 때는 다른 부분에 이야기하도록 지도하라. 부분들은 처음에 그냥 이야기를 해 나갈 수도 있고 자신들의 현재 위치에 대해 논쟁할 수도 있다. 어떤 것이든지 좋다. 그것은 내담자(그리고 당신)가 양극화에 대해 명확히 이해하도록 하고 각 부분이 다른 부분에 어떻게 반응하고 상대하는지를 알게 한다.

그러나 서로 공격하게 만들지 말라. 그것은 진정한 대화의 전개를 방해한다. 더군다나 당신은 공격이 발생하도록 허락하지 않겠다고 약속했다. 이 약속을 지켜서 부분들이 당신이나 내담자에 대한 신뢰를 잃지 않도록 하는 것이 중요하다.

과정의 이 지점에서 두 부분은 종종 자신의 양극화 입장에 간혀 서로 다툰다. 이것은 진정한 대화가 아니다. 그러나 이런 방식으로 시작하는 것도 나쁘지 않다.

과정의 이 지점에서 부분들에게 내담자의 삶에서 어떤 사람과 각 부분이 동맹을 맺었는지를 보여 달라고 요청하는 것은 때로 도움이 될 수 있다. 이것은 당신이 내담자의 삶에서 양극화의 역동이 어떻게 작용하는지를 느끼도록 해 준다.

때때로 당신은 부분들이 이미 진정한 대화로 옮겨 간 것을 발견하고 놀랄 수도 있다. 이전에 당신이 내담자가 각 부분과 연결되고 신뢰를 쌓아 가도록 한 작업 덕분에 부분들은 더 쉽게 협동할 준비가 되었다. 덧붙여 각 부분은 다른 부분의 긍정적인 의도에 대해 알게 되고 그것이 취약한 유배자(vulnerable exile)를 보호하고 있다는 사실도 알았을 것이다. 이러한 이해는 서로를 향한 부분들의 태도를 부드럽게 한다.

부분들이 똑같은 유배자를 보호하려고 노력하고 있다면 특히 그 둘이 협동할 가능성이 크다. 이러한 양극화 작업을 하기 전에는 그 부분들은 그러한 이해가 없었을 것이다. 그러나 일단 그 부분들이 그런 작업을 하면, 비록 자신들이 그 유배자를 보호하기 위해 반대의 전략을 사용하고 있을지라도 서로 연결된 느낌을 받는 경향이 있다.

참 대화와 문제 해결

일단 양극화된 각 부분 간에 몇 차례 오가는 대화를 통해 자신의 입장을 명확하게 언급하고 나면, 당신은 그들 사이에 실제적인 대화를 촉진할 수 있다. 이것이 양극화 과정의 일곱 번째 단계다. 이것은 사람들 사이에서 갈등을 조정하고 해결하는 것과 유사한 방식으로 다루어진다.

1. 참 대화 촉진하기

각 부분이 내담자를 위한 긍정적인 의도와 보호하려고 노력하는 유배자에 대해 말한다면 도움이 된다. 이러한 정보를 나누는 것은 한 부분이 다른 부분에 대해 더 수용적이 되도록 한다. 때로는 부분들이 대화의 초기 단계에서 이러한 작업을 자발적으로 할 것이다. 그렇지 않다면 그들에게 그렇게 하도록 요청하라. 이것은 대화를 단순히 입장을 밝히는 것 이상으로 발전시켜 가도록 한다.

예를 들어, 산드라의 가족 부분(Family Part)은 가족 모임에 가야 한다고 주장하는 반면에 그녀의 안전 부분(Safety Part)은 단호하게 가지 않아야 한다고 주장하는 경우를 가정해 보자. 가족 부분은 먼저 좋은 사람은 자신의 가족과 연락하고 지낸다고 주장한다. 가족 부분이 산드라에게 얻게 해 주려고 노력한 것이 무엇이었는지 다른 부분에게 말하도록 요청하라. 예를 들어, 특정 가족 구성원으로부터 받는 사랑과 인정 같은 것. 또는 그 부분이 어떤 유배자를 보호하고 있는지를 설명하도록 요청하라. 아마 그 유배자는 자신의 가족에게 충분히 수용받지 못했을 것이다.

적절한 시점에 개입하여 한 부분이 응답하기 전에 다른 부분이 무슨 이야기를 하는지 잘 듣도록 요청하라. 당신은 한 부분에게 다른 부분이 말한 것을 들었는지 확인해 봐야 할 수도 있다. 그런 다음에 한 부분이 응답할 때는 다른 부분에게 중요한 것을 고려해 주는 방식으로 응답하도록 요청하라. 한 부분이 꼭 다른 부분에 동의할 필요는 없다. 한 부분은 단지 다른 부분의 말을 듣고 다른 부분의 염려를 존중하는 방식으로 반응하면 된다.

예를 들어, 산드라의 안전 부분이 그녀가 조롱당할 것이 두렵기 때문에 가족 모임에 가는 것은 안전하지 않다고 생각한다고 말할 때, 가족 부분에게 이 두려움을 진실로 듣도록 요청하라. 가족 부분이 응답할 때는 이렇게 말할 수 있다. "네가 조롱당하는 것을 두려워한다는 건 이해하지만 나는 그런 일이 일어날 것이라고 생각하지 않아. 나는 가족과 연결되어 있는 것이 매우 중요하기 때문에 위험을 무릅쓸 가치가 있다고 생각해." 여기서 가족 부분은 여전히 자신의 입장을 옹호하지만 안전 부분의 염려를 고려하여 응답하고 있다.

그런 다음에 다른 부분에게도 똑같이 하도록 요청하라. 이는 두 부분(또는 사람들)이 진심으로 서로를 듣고 있다는 것을 의미하는 진정한 대화의 시작을 두드러지게 한다. 그 과정에서 각 부분의 건강한 측면 또는 각 부분 안에 있는 자기에 접근하기 시작한다. (IFS는 각 부분 안에 자기가 있을 수 있다고 인정한다. 이것이 바로 이 대화에서 당신이 실제로 나타나기를 원하는 것이다.)

협동을 향한 이러한 움직임은 자기로서의 치료자의 현존과 자기로서의 내담자의 에너지에 의해 지원받는다. 차이를 만드는 것은 단지 당신의 중재가 아니라 당신의 존재 방식의 질과 양쪽 부분에 대해 열린 마음이다.

2. 부분들과 자기 사이의 관계

만약 한 부분이나 양쪽 부분이 기꺼이 싸움을 멈추고 대화로 향해 가려 하지 않는다면, 부분들이 내담자의 자기를 충분히 신뢰하지 않는다는 의미다. 그러한 경우에 당신은 다시 돌아가서 자기와 한(또는 양쪽) 부분 사이의 관계에 관해 더 많은 작업을 해야 한다.

만약 한 부분(또는 Self)이 다른 부분에게 중요한 어떤 것을 이해하지 못하면, 당신은 치료자로서 개입하여 이 부분을 지적해 주어야 한다. 각 부분의 이야기는 진심으로 들어야 하며 다른 부분의 입장을 고려해야 한다는 점을 명심하라.

당신은 두 부분이 서로 협조하기 시작하는 것을 목표로 한다. 각 부분은 결국 내담자를 위한 긍정적인 어떤 것을 원한다. 그리고 부분들은 서로 딱 달라붙어 있다. 어떤 부분도 다른 부분을 떼어 낼 수 없다. 양쪽 부분은 모두 처음에는 깨닫지 못했을지라도 지금쯤은 이러한 사실을 알아차려야 한다. 그러므로 부분들이 협동하는 것을 배우는 것이 내담자뿐만 아니라 부분들 자신에게도 가장 이익이 된다. 사실, 보통은 부분들이 협동한다면 양쪽 부분이 모두 원하는 것을 전부 또는 대부분 얻을 수 있다.

당신은 부분들이 서로의 이야기를 진정으로 듣도록 설득할 좋은 기회를 가지고 있다. 당신은 이전에 내담자가 자기에 접근하고, 각 부분을 알아 가고, 그 부분들과 신뢰 관계를 발전시키도록 돕는 작업을 했기 때문이다. 이것은 각 부분에게 안전감을 준다. 부분들은 이제 내담자의 정신에 자기라는 크고 돌보는 힘이 존재한다는 것을 알기 때문이다. 그리고 자신들이 자기와 연결되어 있고 자기가 자신들을 존중하고 자신의 염려를 신중하게 고려하고 있다는 것을 안다. 그래서 각 부분은 보통 다른 부분의 말을 듣는 데 열려 있고 다른 부분에 협조하려고 시도한다. 자기가 부분들에게 그렇게 할 것을 요구하고 또

부분들에게 자신이 어떤 파괴적인 일도 일어나게 하지 않을 것
이라고 안심시키기 때문이다.

자기의 현존과 각 부분과의 관계는 내면의 대화를 수반하는
다른 치료방법들과 달리 IFS 양극화 작업을 매우 강력하게 만
들어 주는 요소다.

3. 문제 해결

양극화를 해결하는 것은 두 가지 다른 형태를 취할 수 있다.
양극화된 두 부분은 자주 각자 내담자가 취하기를 원하는 특정
행동에 관해 동의하지 않는다. 문제 해결의 한 단계는 무엇을
하고 특정 상황을 어떻게 다루는가를 결정하는 것이다. 이보다
깊이 있고 더 중요한 종류의 문제 해결은 두 부분이 서로에게
감사하는 것을 배우고 협동할 때 일어난다. 이 종류의 문제 해
결은 더 큰 효과를 발휘한다. 부분들 사이의 분열과 관련된 미
래의 결정과 감정에 영향을 끼치기 때문이다.

어떤 종류의 문제 해결이라도 과정 중의 어느 단계에서 일어
날 수 있다. 때로는 단지 자기(Self)와 두 부분의 다름을 알기 시
작하는 것만으로도 문제 해결이 될 것이다. 때로는 대화의 시
작에서 바로 그러한 일이 일어난다. 다른 때는 당신이 대화를
멀리 끌고 왔지만 여전히 문제 해결이 되지 않는다. 그럴 때는
내담자가 자기로서 나서서 문제 해결을 도울 수 있다. 만약 당

신이 대화를 외부적으로 촉진하고 있다면 내담자에게 자기를
대표하는 세 번째 의자로 옮겨 앉도록 하라. 만약 당신이 이 작
업을 내부적으로 하고 있다면 내담자에게 자기의 장소에서 이
야기하도록 하라.

자기는 아마 한 부분이 다른 부분을 괴롭히는 중대한 측면을
무시해서 다른 부분이 자신의 말이 수용된다고 느끼지 않아 여
전히 극단적인 방식으로 논쟁한다는 것을 알아차릴 것이다. 예
를 들어, 존은 그의 재미 부분(Fun Part)이 그를 직장에서 해고
당하게 할까 봐 걱정하는 감독자 부분(Taskmaster Part)이 있었
다. 재미 부분은 감독자(Taskmaster)가 존이 충분히 성공적이지
못한 것에 대해 염려하고 있다는 것만 보았다. 존(Self로서)은
감독자의 더 극단적인 두려움을 재미 부분에게 지적해 주었고,
그것은 다루어질 수 있었다.

자기는 두 부분이 비슷한(서로 닮아 있는) 방식을 보았을 것인
데 부분들은 그것을 서로에 대한 자신의 적대적인 입장 때문에
완전히 잊고 있었다. 예를 들어, 부분들은 둘 다 아마 같은 유배
자를 보호하고 있었을 것이다.

만약 적절하다면 내담자가 각 부분에게 다른 부분의 염려와
필요를 고려하여 해결안을 제시하도록 요구하게 하라. 이것이
어떤 결과물도 도출해 내지 못한다면, 내담자는 자기로부터 해
결안을 제공할 수 있다. 대화를 관찰한 후, 내담자는 때때로 두
부분이 동의할만한 해결방안을 자기(Self)로부터 볼 수 있다.

만약 내담자가 해결방안을 보지 못한다면, 당신이 하나의 해

결방안을 제공할 수 있다. 때때로 당신은 내담자의 자기보다 상황에 대해 더 나은 관점을 지니고 있다. 당신은 이런 관점을 제공하거나 심지어는 해결방안을 제공할 수도 있다. 그러나 당신의 해결방안에 집착하지 마라. 이것은 단지 협상하는 과정의 한 단계일 뿐이다.

4. 문제 해결을 협상하기

내담자가 해결방안을 제시하도록 지지해 주고 두 부분이 그것에 동의하는지를 지켜보라. 부분들이 즉시 동의하지 않더라도 이것은 대화를 생산적인 방향으로 전환시킬 수 있다. 만약 어떤 부분이 동의하지 않는다면, 내담자에게 그 부분이 걱정하는 것이 무엇인지 물어보도록 하라. 그런 다음에 걱정하는 것들을 고려하여 해결방안을 수정하도록 하라. 또는 그 부분에게 해결방안의 수정된 버전을 제시하도록 요청하라. 두 부분이 모두 받아들일 만한 해결방안을 얻을 때까지 계속 협상하라.

이 과정은 각 부분이 각자 가능한 해결방안을 고려하고 염려하는 부분을 논의하기 때문에 때때로 꽤 긴 시간이 걸릴 수 있다. 때로는 한쪽 부분(또는 Self)이 전에 고려하지 않았던 새롭고 창의적인 아이디어를 제시할 것이다. 이는 이런 종류의 협동적인 대화로 얻는 이득 중의 하나이며, 각 부분의 긍정적인 자질과 창의성에 접근하도록 돕는다.

만약 부분들이 제시된 해결방안에 대해 당신이 협상하도록 대화를 지속시킨다면, 부분들은 두 부분에게 모두 효과적이고 물론 내담자에게도 효과적인 어떤 해결책에 도달할 가능성이 매우 크다. 결국 그 부분들은 둘 다 내담자에게 최선인 것을 원한다. 그래서 부분들이 자기(Self)와 치료자의 지도하에 전적으로 협동할 때 해결책은 반드시 나온다. 대화 도중에 한 부분이 자신이 보호하고 있는 유배자를 드러낼지 모른다. 그리고 때때로 양극화가 해결되기 위해서는 유배자가 치유되어야 한다는 것이 명확해진다.

양극화 작업의 전 과정은 자주 다중의 세션이 필요하다. 당신은 대화를 시작하기 전에 양극화된 부분들을 개별적으로 알아야 한다. 그것 자체만으로도 한 세션 전부 또는 더 많은 세션이 소요될 수 있다. 그런 다음에 대화는 다양한 국면을 통과해 가야 할 것이다. 더욱이 내담자는 자신의 삶 속에서 제시된 해결책을 시도해 보고 어떤 일들이 일어날지 지켜봐야 한다. 이렇게 하는 것은 자주 이후의 세션들에서 다루어져야 할 미해결된 문제들을 끄집어낸다. 이 과정 동안에, 내담자에게 각 세션을 시작할 때 이전의 세션에서 멈춘 부분에서 이번 세션의 작업을 다시 시작하도록 상기시키는 것은 유용하다.

만약 두 부분이 특정 세션에서 해결책에 이를 준비가 되지 않았다면, 두 부분에 모두 효과가 있는 협동을 하기 위한 한 단계를 실행할 수 있도록 동의를 구하라. 그런 다음에 당신은 이후의 세션들에서 더 진전된 단계들을 실행하도록 돌아올 수 있다.

특히 저항적인(다루기 힘든) 부분들에 대해 최선인 초기 접근은 각 부분이 현재 자신이 작용하고 있는 방식이 효과가 없음을 알아차리도록 하는 것이다. 그 부분들은 아마도 아직 반대의 부분과 상황을 해결할 준비가 되지 않았을 것이다. 그러나 부분들이 자신의 현재 전략이 효과가 없음을 알아차리는 것은 마음을 열어 자신의 굳어진 입장에 대해 다시 생각하도록 한다. 이것은 각 부분이 자기와의 관계나 보호받고 있는 유배자에 대한 작업에 더 많은 관심을 기울이게 할 수 있다. 그러면 이후에 더 생산적인 대화가 이루어질 수 있다.

〈부록 A〉는 양극화 작업을 위한 IFS 절차의 모든 단계를 개관하는 도움 양식을 포함한다. 그것은 당신이 세션을 이끌어 나가는 데 사용될 수 있다.

앤의 통합 대화 사례

이 사례는 제5장에서 다룬 앤의 양극화 세션의 연속으로, 양극화 과정의 5~7단계를 보여 준다. 여기에 제시된 부분은 통합을 증진하기 위하여 유배자를 치유하는 것의 중요성뿐만 아니라 어떻게 부분들이 협동적인 관계로 옮겨 갈 수 있는지를 보여 준다.

 J: 양의 부분(Sheep Part)이 기꺼이 삶 지향적인 부분(Life Purpose Part)과 대화하고자 하는지 보세요.

 A: (웃음) 제가 자신의 손을 잡아 준다면 대화하겠다고 하네요. 저와 함께하는 것을 확인받고 싶어 해요. 그 부분은 홀로 남겨지기는 것을 원치 않아요.

 J: 그걸로 괜찮아요?

 A: 네, 괜찮아요.

이 손잡기는 앤이 각 부분과 연결되고 신뢰로운 관계를 발전시키기 위해 이미 한 중요한 작업을 나타낸다.

> J: 삶 지향적인 부분을 점검해 보고, 그 부분이 양의 부분과 기꺼이 대화하고자 하는지 보세요.
> A: 그 부분은 저의 다른 손을 잡기를 원해요. (웃음) 이건 마치 "나는 손 안 잡고 있는데 다른 쪽이 손잡게 내버려 두지 않을 거야. 공평해야 해."라고 말하는 것 같아요.
> J: 부분들이 당신의 손을 잡는 것으로 서로 이야기할 수 있는 공간에 이미 온 것 같군요.

부분들이 이미 내부적으로 접촉하였기 때문에, 나는 앤에게 내부적인 대화의 시작과 외부적인 대화의 시작 중에서 선택하도록 하지 않았다.

> A: 네. 그들이 서로 마주 보고 앉아 있어요. 재미있게도 서로 얼굴을 맞대고 있어요.
> J: 그들이 서로 이야기를 시작하도록 초대하세요. 둘 중 아무나 먼저 시작할 수 있어요. 그리고 그들이 실제로 어떤 이야기를 하는지 우리에게 알려 주세요.
> A: 음, 양의 부분이 삶 지향적인 부분에게 이렇게 말하고 있어요. "넌 너무 빨리 가고 있어. 우리는 모든 것의 속도를 늦춰야 해. 넌 아직 준비도 되지 않았는데 어떤 결과를 내려고 해."
> 삶 지향적인 부분이 말해요. "난 내 삶에서 지금까지 계속 기다

려 왔어! 우리가 얼마나 더 기다려야 해?" 그리고 이렇게도 말하네요. "앤이 영원히 살지는 않잖아. 그래서 우리는 적절한 시점에 활동을 시작해야 해."

J: 좋아요. 대화를 계속 이어 가게 하죠. 계속 그들이 하는 이야기를 우리에게 알려 주세요.

A: 양의 부분이 말하네요. "네가 앤을 위해 마음속으로 생각하고 있는 것을 하기에는 그녀는 너무 연약해." 이 말을 들으니 양의 부분이 저와 유배자를 혼동하고 있는 것 같아요. 양의 부분은 제가 이제는 어른이고 능력이 있다는 사실을 모르는 것 같아요.

종종 한 부분은 그 사람과 다른 부분을 혼동한다. 때때로 이 경우처럼 보호자(protector)는 그 사람을 유배자로 본다. 어떤 경우에는 양극화의 한쪽 부분이 그 사람을 양극화의 다른 부분으로 본다.

J: 양의 부분에게 그 점을 이야기하고 어떻게 반응하는지 볼까요?

A: 음, 그 부분은 제가 제 안에 유배자를 가지고 있고 그 유배자가 언제든지 저를 휘저을 수 있다고 하네요. 그래서 제가 실제로 그 유배자가 아니라는 것을 이해하지만 그 유배자가 표면의 바로 밑에 있다고 말해요.

J: 그래서 그 부분은 여전히 그 유배자를 보호할 필요가 있군요.

A: 네.

이것은 참 대화로 가는 중요한 단계다. 한 부분이 자신이 보호하고 있는 유배자를 드러냈을 때, 이것은 다른 부분의 태도를 부드럽게 하는 경향이 있다. 첫 번째 부분이 전적으로 나쁘지 않다는 것을 다른 부분이 알아차리게 되기 때문이다. 첫 번째 부분은 내담자를 고통으로부터 보호하려고 노력하고 있었던 것이다. 이것은 다른 부분이 첫 번째 부분에게 좀 더 열린 마음으로 대하게 한다.

J: 삶 지향적인 부분에게 잠시 동안 양의 부분이 한 말을 잘 생각해 보도록 요청하세요. 그것은 동의해야 한다는 의미가 아니라 단지 받아들인다는 의미예요.

나는 이런 방식을 사용하여 대화의 방향을 논쟁보다는 담화로 전환한다.

A: 네, 그렇게 했어요.

J: 이제 삶 지향적인 부분에게 양의 부분의 염려를 고려하는 방식으로 응답하게 하세요.

A: 음, 삶 지향적인 부분은 유배자를 진심으로 걱정하고 있어요. "오, 여기에 있는 누군가가 큰 고통 속에 있구나." 그건 더 이상 양극화된 두 부분에 관한 것이 아니에요. 그 것은 고통받는 어린 소녀(Little Girl)에 관한 것이에요. 삶 지향적인 부분은 그 어린 소녀에게 상처를 주고 싶어 하지 않아요.

양의 부분에게 보호받는 어린 소녀 외에 다른 유배자도 있을
가능성이 있다.

A: 정말 흥미롭네요. 저는 방금 어린 소녀가 이 원 안으로 들어오
는 것을 보았어요. 다른 두 부분은 각각 그 아이의 손을 잡고, 아
이는 원 안에 앉아 있어요. 그래서 이제 우리 네 명이 있네요. 그
리고 어린 소녀는 몸을 웅크리고 아래를 보고 있어요. 하지만
그녀는 자신이 이제 원의 한 부분임을 중요하게 느끼고 있어요.
두 보호자(protectors) 모두 그들이 그녀를 돕기를 원한다고 말
해요. 정말 좋아요. (웃음) 그리고 양(Sheep)이 자신의 뿔들을 뽑
아서 어린 소녀에게 씌워 주며 이렇게 말해요. "이 할로윈 분장
을 해 보고 싶어 하는 것 같은데?"
어린 소녀는 웃으며 이렇게 말해요. "아니야. 이건 내가 머리에
쓰기엔 너무 무거워!" 하지만 양은 더 이상 화내거나 가혹하지
(harsh) 않아요.

이것은 큰 전환이다. 부분들은 진실로 대화하고 있고 협동하
기 시작한다.

J: 확실히 이번 문제의 해결방안에서 중요한 부분은 어린 소녀와
함께 치유 작업을 하는 것이 될 것 같아요. 하지만 이 대화를 계
속 유지시켜서 두 부분이 당신이 원하는 삶 지향적인 부분에 관
해 무엇을 할지 결정하는 데 어느 정도나 합의를 이룰지 지켜봅

시다.

A: 그 부분들이 더 이상 서로 반대하는 것 같지 않아요. 둘 다 유배자에게 도움이 필요하고 치유가 일어나기 전에 다른 어떤 일을 밀어붙여서는 안 된다는 것에 동의하는 것 같아요. 제 말은 우리의 시간이 거의 끝났다는 것을 알기 때문에 이 작업을 오늘 해야 한다는 의미는 아니에요. 삶 지향적인 부분은 저의 다른 목적들을 향해 밀어붙이는 대신에 유배자를 돌보는 것을 안건으로 올려놓았어요. 그리고 양의 부분은 이것에 매우 행복해하고 있어요.

J: 양의 부분에게 이렇게 요청하세요. '우리가 어린 소녀의 고통과 두려움을 치유하여 그녀가 안전하다고 느끼게 되면, 여전히 나를 사람들에게서 떨어뜨려 놓을 필요가 있는가?'

A: 양의 부분은 그렇게 되면 매우 다행이라고 하네요. 사람들에게서 저를 떼어 놓는 것은 양에게 매우 피곤한 역할이고, 그 때문에 다른 사람들에게 나쁘다고 판단 받는 것은 지긋지긋하다고 해요. 어린 소녀가 진실로 안전해진다면 양은 쉴 수 있어서 좋을 거예요.

J: 좋아요. 삶 지향적인 부분은 이것에 대해 어떻게 생각하나요?

A: 때가 되었다고 하네요. 어린 소녀가 치유되었을 때, 그 부분은 저를 점유하여 세상 밖으로 끄집어내 뭔가 보여 줄 준비가 되었다고 해요.

J: 여기서 오늘의 시간을 마무리하는 것이 좋겠네요.

두 부분은 이제 전적으로 협동한다. 다음 단계는 어린 소녀를 치유하는 것이다. 이것은 IFS의 절차를 사용하여 진행될 수 있다. 여기서 보여 준 세션은 양극화를 해결하는 두 측면-유배자 치유와 통합 대화-을 보여 준다. 그리고 그 부분들이 어떻게 서로 작업해 갈 수 있는지를 보여 준다.

A: 네, 그렇게 하는 게 좋겠어요.

J: 마치기 전에 부분들이 하고 싶은 말이 있는지 점검해 보세요.

A: 아니요. 부분들 모두 만족한 것 같아요.

J: 당신이 그 부분들에게 뭔가 하고 싶은 말이 있나요?

A: 전 그냥 부분들에게 모두 고맙고 우리가 다시 함께할 거라고 말하고 싶어요. 제가 조만간 그들을 방문해서 다음에 어떤 일이 일어나기를 원하는지 볼 거예요.

보통 양극화된 부분들 사이에서 협동을 성취하는 것은 그렇게 쉬운 일이 아니다. 그러나 그러한 협동은 일어나기 마련이다.

낸시의 통합 대화 사례

이 사례는 양극화 수업에서 낸시와 함께 한 세션의 축어록이며, 양극화 과정의 5~7단계를 보여 준다. 이 특정 세션은 또 앤의 세션에서 나오지 않은 많은 중요한 과정을 보여 준다. 낸시는 나의 안내를 따라 부분들에 '직접적으로 접근하는 것'을 포함하여 외부적으로 대화하는 작업을 했다. 그리고 이 세션은 양극화 부분들이 서로 기꺼이 협동하고자 할지라도 해결안에 도달하는 데 많은 작업이 소요되는 상황을 보여 준다. 나는 개입하여 문제 해결에 도달하기 위한 아이디어를 포함한 여러 가지 제안을 해야만 했다.

낸시는 이 수업의 이전 시연에서 이 문제에 대해 작업했다. 그래서 그녀는 이러한 부분들에 대해 처음부터 시작하는 것은 아니었고, 우리는 곧바로 대화로 들어갈 수 있었다.

J: 당신의 부분들을 소개해 주세요. 이전 시연에서 이미 다룬 것이지만, 우리 모두가 상기할 수 있도록 다시 말씀해 주세요.

Nancy(이하 N): 기본적으로 세 부분이 있는 것 같아요. 세 개의 극으로 나뉜 것 같지만 두 부분이 한 편이고 나머지 한 부분이 반대편이에요. 유배자인 어린이(Kid) 부분이 있는데 그것은 모든 생각을 받아들이고, 자발적이고, 즐거워하고, 놀고, 계획이나 스케줄 또는 일해야 한다는 속박에 갇히지 않아요.

그리고 적극적인 미루기 부분(Procrastinator)이 있는데 그것은 어린이의 욕구에 따라 행동해요. 그래서 일하기를 회피하고 즐기려고 해요. 그리고 이 부분은 "넌 일해야 해. 그게 현실이야. 넌 제품을 만들어야 해. 넌 제품을 출하해야 해. 넌 그만 꾸물거려야 해."라고 말하는 다른 부분과 양극화되어 있어요. 그 다른 부분은 가혹한 작업 윤리 부분(Work Ethic Part)이에요. 그 부분은 어린이와 미루기 부분이 있는 편과 양극화되어 있어요.

양극화는 두 부분 이상을 포함할 수 있다. 각 편에 부분들이 얼마든지 많이 있을 수 있다.

J: 좋아요. 당신은 그들이 이미 대화를 해 왔다는 말이죠?

N: 네. 그들은 여러 번 대화했어요.

J: 당신은 그들 각각과 잘 연결되었다고 느끼나요?

N: 네. 제가 대화했을 때, 부분들 사이에 전적으로 상당한 이해가 있었어요. 저는 부분들의 총명함과 반응성을 이해해요. 그리고 어린이, 미루기 부분 그리고 작업 윤리 부분의 총명함을 알아요. 저는 부분들 각자가 제안하는 것을 볼 수 있어요.

J: 하나씩 살펴보도록 하죠. 우리는 각 부분에 접근해서 또 다른 대화를 하기 위한 허락을 구할 거예요.

N: 좋아요. 작업 윤리 부분과 연결했어요.

J: 그 부분이 기꺼이 대화하고자 하는지 보세요.

N: 네. 기꺼이 대화하겠대요.

J: 좋아요. 이제 다른 부분에 접촉해 보세요.

N: 네. 어린이 부분, 자발적인 부분에 연결하고 있어요.

J: 좋아요. 그 부분이 기꺼이 대화하고자 하는지 보세요.

N: 네. 기꺼이 대화하고자 해요.

J: 그리고 세 번째 부분은요?

N: 그리고 어린이의 보호자인 미루기 부분. 네. 그 부분에 연결했어요. 그리고 그 부분도 기꺼이 대화하고자 해요.

이제 낸시는 세 부분으로부터 모두 대화하겠다는 허락을 얻었다. 이것은 그녀가 이전에 각 부분과 연결되었기 때문에 쉬웠다.

J: 당신은 이 대화를 내부적으로 하고 싶습니까 아니면 외부적으로 하고 싶습니까?

N: 저는 외부적으로 해야 해요.

J: 그러면 세 부분과 자기(Self)를 위한 네 개의 의자를 준비하세요.

N: 네. 세 개의 의자와 테이블 한 개가 준비됐어요. 어린이는 테이

블에 앉을 수 있어요.

J: 아무나 먼저 시작할 수 있어요. 어떤 부분이 시작하고 싶어 하든지, 그 부분의 의자에 앉아서 양극화의 반대편에 있는 부분이나 부분들에게 이야기하세요.

N: 저는 작업 윤리 부분의 의자에 앉아 있어요. 그리고 어린이와 미루기 부분에게 이야기하고 있어요. 현재 제 느낌은 "나는 지쳤어. 나는 우리가 날마다 치르는 전투가 지겨워. 하지만 지금같이 경제적으로 어려운 시기에도 가게에 주문전화가 몰려와서 내 위치를 포기해야 할 지경이라 어쩔 줄 모르겠어. 그건 정말로 멋진 일이고, 주문들은 제시간에 처리되어야 해. 그런데 나는 너희가 방해공작을 펴는 것 같이 느껴져."라는 거예요. 그리고 "심지어 은행이 파산하고, 아무도 누가 다가올 크리스마스를 즐길 수 있을지 모르는 상태인데도 너희는 여전히 아무 관심도 없어. 너희는 계속해서 내가 조직적이고 효율적인 방식으로 일하지 못하게 해. 그리고 그 결과로 너희는 주문을 늦추고 일이 진행되도록 허락하지 않아. 나는 사람들이 전화하고 물건이 만들어지기까지 1~2주 기다리기보다는 그들의 주문이 곧바로 충족되기를 바라. 나는 일이 조직화되고 물건이 미리 만들어지고 사람들이 전화할 때 바로 출고될 수 있다면 모든 일에 스트레스를 훨씬 덜 받을 것이라고 생각해. 만약 사람들이 전화했을 때 당신이 1~2주 또는 3주를 기다리라고 말하지 않고 '오, 지금 당장 출고할 수 있습니다.'라고 말한다면 모든 사람(우리 모두와 가게)이 매우 좋아할 것 같아. 하지만 나는 너무나 지쳤고 너희

의 방해공작이 일어나지 않도록 이 일을 어떻게 처리해야 할지 모르겠어."라는 느낌도 들어요. 지금까지의 이야기는 작업 윤리 부분이었어요.

J: 좋아요. 다른 편으로 넘어가 보죠. 그들이 응답하도록 합시다.

N: 이제 저는 미루기 부분 보호자의 의자에 앉았어요. "나는 네가 주문과 돈과 물건을 만들어 내는 것에 대해 많이 걱정한다는 것을 이해해. 사람들이 전화하고 네가 '지금 당장 준비하겠습니다.'라고 말할 수 있다는 것은 정말 좋은 일이야. 그건 매우 재미있고 힘이 나고 스트레스를 받지 않는 일인 것 같아."

미루기 부분이 이미 작업 윤리 부분의 입장에 대한 이해를 보여 주고 있음을 주목하라. 이것은 좋은 현상이다.

N: "그러나 여기에 대한 우리의 입장은 이래. 우리는 네가 항상 우리에게 일을 시키는 것처럼 느껴져. 우리에게 공간이 필요하고, 휴식시간이 필요하고, 창조공간과 시간이 필요하다는 것을 네가 정말로 이해한다고 느껴지지가 않아.

우리는 네가 우리에게 그러한 것들을 줄 거라고 생각지 않아. 너는 끝없는 계획들이 있기 때문이지. 넌 정말로 단지 계획들에 흥분하지. '오 마이 갓!' 우리가 죽을 때까지 계획과 해야 할 일들이 즐비할 거야. 우리는 어슬렁거리며 나무와 푸른 빛의 정원을 즐길 수 없을 거야. 우리는 어떤 즐거움도 누리지 못할 거야! 그래서 우리는 그것을 지금 즐기려고 생각한 거야! 우리는 즉각

적인 만족감을 좋아하기 때문이지. 그리고 우리는 네가 우리에

게 어떤 공간이나 즐기는 시간을 줄 것이라고 믿지 않아."라고

이 부분들은 말하네요.

J: 되돌아가서 작업 윤리 부분의 이야기를 들어 보는 것이 좋을 것

같아요. 하지만 어린이가 할 말이 있다면 그 부분을 생략하고

싶지는 않아요.

N: 아니요. 어린이는 괜찮아요. 어린이는 테이블에 다리를 흔들면

서 앉아 있어요. 마치 "랄랄라. 괜찮아. 다 괜찮아."라고 하는 것

같아요. 미루기 부분이 분명히 어린이의 편에 서서 이야기하고

있어요. 그 부분이 보호자이기 때문에 어린이는 괜찮아요.

J: 그럼 작업 윤리 부분으로 돌아가죠.

N: (작업 윤리 부분으로서) "나는 너희가 나를 믿지 않는다는 것을 이

해해. 너희는 내가 너희에게 놀거나 즐길 어떤 공간이나 시간을

줄 것이라고 믿지 않아. 혹은 내가 그렇게 한다고 하더라도 그

것은 너희가 원하는 것에 비하면 충분하지 않은 최소한이 될 것

이야. 우리가 여기에서 차이가 있다는 것을 알겠어. 너희는 내

가 줄 수 있다고 느끼는 것보다 많은 시간과 공간을 원해."

작업 윤리 부분 또한 미루기 부분의 입장을 이해한다. 서로에

대한 그들의 이해는 해결안을 얻는 과정을 더 쉽게 할 것이다.

N: "우리가 서로를 정말로 신뢰하지 않는다는 것을 알겠어. 너희는

많은 시간과 공간을 원해. 그리고 나는 많은 일을 원해. 나는 너

희에게 약간의 시간과 공간을 주고 어떻게 되는지를 지켜볼 용의가 있어. 우리가 너희의 기분전환 없이 정말로 일할 수 있다면, 시간을 더 효율적으로 쓸 수 있겠지. 그러면 더 많은 시간과 공간을 얻을 수 있을 거야.

그러나 너희가 계획에 대해 이야기한 것에 대해 할 말이 있어. 너희가 맞아. 나는 계획을 좋아해. 그리고 나에게 그것은 창의성의 일부분이야. 그래서 나는 계획에 대한 너희의 의견에 이의를 제기해. 나는 몇몇 계획은 너희가 하는 모든 방해공작에 전면적으로 대처하는 방식이고 몇몇 계획은 창의적인 아이디어 구상이라고 생각해. 그래서 나는 이 문제에 대해 이렇게 선언하겠어. 너희가 나를 방해하지 않을 것이라고 내가 믿을 수 있다면 나는 가혹한 계획을 그렇게 많이 세울 필요가 없어.

나는 너희가 더 많은 놀이시간을 원한다는 것을 이해해. 나는 분명히 기꺼이 놀이시간과 공간을 줄 용의가 있어."

J: 조금 뒤로 돌아가서, 작업 윤리 부분인 당신에게 이 점을 상기시키고자 해요. 그들은 자신들이 더 많은 놀이시간을 원한다고 말하지 않았어요. 그들은 당신이 앞으로 자신들에게 놀이시간을 조금이라도 줄 것이라고 믿지 않는다고 말했어요. 그것이 당신에 대한 그들의 인상이에요.

나는 작업 윤리 부분이 미루기 부분이 두려움을 느끼는 중요한 측면을 놓쳤다는 것을 알아차렸다.

N: (작업 윤리 부분으로서) "좋아. 이해했어. 내가 너희에게 약간의 놀이시간과 공간을 주면 어떻겠어? 내가 너희에게 어떤 시간과 공간도 주지 않을 것이라고 너희가 믿는 것을 이해해. 그래서 너희는 가능한 한 많은 시간과 공간을 차지하려고 하지. 만약 내가 너희에게 실제로 줄 수 있는 시간과 공간에 대해 우리가 동의할 수 있다면, 그리고 절대적으로 그것을 고수하고……. 나는 '절대적으로 그것을 고수하고'라고 말하기가 망설여져. 왜냐하면 우리는 무엇인가를 해야 하고, 내가 놀이시간이라고 말했나? 그래서 나는 그러한 권위를 포기하는 것이 망설여져. '음, 만약 우리가 9시부터 12시까지 그리고 1시부터 4시까지 가마를 채우며 일한다면, 내가 정말로 4시에 멈출까?'"

이 부분은 중요하다. 작업 윤리 부분은 이 동의안을 고수하는 것이 무엇을 의미하는지를 잘 알아차리고 있다. 그리고 기꺼이 그렇게 할지 말지를 고려하고 있다. 보통은 한 편이 어떤 계획을 제시하고 그 내용을 다른 편이 이해하고 동의하는 과정 없이 그 계획을 실행하려고 하는 일이 발생한다. 이것은 확실히 역효과를 낳는다. 그러나 양쪽이 동의안에 대해 충분히 생각하고 고수하기로 결정을 내린다면 그 동의안은 효과를 발휘할 수 있다.

우리가 자기와 함께 작업했던 동의안은 9시부터 12시까지 지하실에서 가마 하역 작업을 하고, 12시부터 1시까지 쉬고, 1시부터 4시까지 장신구와 가마 만들기를 하고, 그런 다음에 4시부터 빈둥거리고 놀기 위해 쉬는 것을 시도해 보는 것이었어. 나는 기꺼이 시도해 볼 거야.
만약 그때 어떤 일이 발생하면 나는 이렇게 말해야 할 거야. "안 됩니
다. 나는 4시부터는 그것을 할 수 없습니다." 그런데 만약 내가 4시부
터에 쉬는 것에 동의하지 않는다면, 그것이 너희의 믿음을 깨는 결과
를 야기할 것임을 이해할 수 있어. 그리고 너희는 말하겠지. "하! 그러
게 내가 뭐랬어."

J: 만약 당신이 동의안을 철회한다면, 그들은 당신을 정말로 믿지
   않을 것이고 더 강한 방해공작을 펼칠 것 같군요.

N: (자기로서) 맞아요, 하지만 나는 작업 윤리 부분의 두려움을 볼
   수 있어요. 4시부터 6시까지 일하지 않기로 선언하는 것은 꽤
   겁나는 일이에요. 그래서 나는 이것에 대해 어떻게 해야 할지
   모르겠어요.

J: 그러면 무엇이 두려운가요, 작업 윤리 부분?

작업 윤리 부분은 동의하는 것에 겁을 먹었다. 그래서 나는
겁먹은 것이 무엇인지를 물었다. 내가 '직접적 접근' 방법을 사
용하여 그 부분에게 이야기하는 것에 주목하라.

N: (작업 윤리 부분으로서) 일어나야 할 중요한 일이 있을 것인데
   나는 그 일이 일어나지 않을 것이 두려워요. 내 말은, 음, 그 일
   은 다음날로 미뤄질 수 있어요. 그래서 내가 기꺼이 그렇게 해
   야(다음날로 미뤄야) 한다고 생각해요. 아니면 그 일은 6시 이후

로 미뤄질 수 있어요. 나는 기꺼이 그렇게도(6시 이후에 하는 것)
할 용의가 있다고 생각해요. 나는 내가 그것을 하루 동안은 할
수 있다고 말할 수 있지만 정기적으로 매번 그렇게 할 수는 없
어요.

J: 그러나 잊지 마세요. 만약 당신이 그렇게 한다면, 그들은 당신
을 방해하는 것을 멈추는 데 동의할 거예요. 그래서 당신이 9시
부터 12시까지 그리고 1시부터 4시까지 방해받지 않고 일에 몰
두한다면 많은 일을 할 거예요. 그 일에 몰두함으로써 당신은
많은 것을 얻게 될 거예요. 그들이 당신을 더 이상 방해하지 않
겠다고 동의했기 때문이죠.

나는 작업 윤리 부분에게 동의함으로써 무엇을 얻게 되는지
를 보여 주려고 시도하고 있다.

N: (작업 윤리 부분으로서) 맞아요. 하지만 나는 항상 할 일이 있을
것이라는 그들의 관점을 알아요. 나도 정말 엄청난 양의 일이
있다고 느껴요. 그래서 나는 하루에 6시간 이상의 시간이 필요
해요. 네, 나는 저녁에도 일할 수 있어요. 실제로 그렇게 하고
요. 그런데 끝마치려면 하루 종일이 필요해 보이는 일이 있어
요. 나를 불안하게 하는 더 큰 계획에 관한 이슈들, 더 큰 조직적
인 이슈들이 있는 것 같아요.

J: 당신은 무엇이 불안한가요?

N: (작업 윤리 부분으로서) 나는 사업적인 모든 다른 일이 일어날 것

이 걱정돼요. 그리고 나는 가마 작업을 하고 있어서 그 사업적인 일들을 하지 않을 거고요. 그런 다음에 내가 4시부터 6시까지 그 사업적인 일들을 할 수 있을 때, 나는 어린이와 보호자에게 몰두하는 것에 동의했어요. 그러니까 내가 하지 않은 다른 모든 사업적인 일은 쌓여서 다음날 가마 작업을 하는 데 영향을 줄 거예요.

J: 그러면 그러한 일이 일어났다고 가정해 봅시다. 그러한 일이 일어나면 당신은 무엇이 무서운가요?

N: (작업 윤리 부분으로서) 그러한 모든 일을 어떻게 처리하는지를 알아내는 책임이 항상 나에게 있는 것처럼 느껴져요. 시간이 충분하지가 않고 나는 바로 압도되어 버려요. 어떻게 가마 작업을 하는지, 장신구를 마감하는지 그리고 사업적인 일을 처리하는지에 대해 어떤 지원도 없어요. 그게 바로 내가 항상 일해야 한다고 느끼는 이유예요. 아무도 일을 해결하는 것을 도와주지 않기 때문이죠. 그들(다른 부분들)은 결단코 도와주지 않아요. 그들은 단지 나를 방해할 뿐이고, 그래서 일을 더 망쳐요. 나 혼자만 책임지는 것처럼 느껴져요.

보호자와 마찬가지로 작업 윤리 부분은 부분적으로 압도됨을 느낀다. 이 어려운 문제에 대해 전적으로 혼자라고 믿기 때문이다. 그 부분은 자기의 지원이 필요하다.

J: 그래서…….

N: 여기서 흥미로운 것은…… 제가 아마 자기 자리에 앉아야겠
   어요.

J: 좋아요. 저도 방금 그렇게 요청하려고 했어요.

나와 부분 사이에 충분한 대화가 있었다. 이제 낸시의 자기
(Self)는 토의에 합류할 필요가 있다. 낸시는 나보다 이것에 대
해 더 많이 알기 때문이다. 그리고 궁극적으로 그녀는 해결방
안을 이끌어 내고 그녀의 부분들과 그 해결책을 고수하기 위해
함께 작업해야 한다.

N: 나는 자기주도로 있고 작업 윤리 부분이 정말로 압도되기 시작
   했음을 느낄 수 있어요. 그 부분은 울고 싶어 해요. "좋아, 몇 시
   간 노는 것을 포기하는 것은 괜찮아. 하지만 처리해야 할 엄청
   난 양의 다른 일이 있다는 것을 그들은 이해하지 못해. 울려대
   는 전화벨, 주문받은 물건, 내일 오는 나의 직원, 포장과 출하,
   밀린 주문. 엄청난 양의 사업적 일도 있어."라고 하는 것 같아
   요. 그리고 이 작업 윤리 부분은 책임감을 느끼고 일을 놓치지
   않고 처리하려는 유일한 부분이에요.

J: 그러니까 작업 윤리 부분은 당신이 지원해 줄 필요가 있군요.

N: 네. 자기를 필요로 하고 있어요.

J: 당신은 이미 그 일을 하고 있다고 생각되지만, 그것을 분명하게
   합시다. 작업 윤리 부분에게 당신의 자기가 어떻게 느끼고 무엇
   을 걱정하는지를 알려 주는 것으로 시작합시다.

N: 자기로서 말이죠?

J: 네.

N: 좋아요. 나는 네가 정말로 모든 책임이 너에게 있다고 느끼는 것을 이해해. 너는 이 사업이 진행되도록 수많은 자질구레한 세부적인 일들에 전적으로 책임을 지고 결코 어떤 지원도 받지 못했어. 너는 혼자서 사업을 어떻게 해 나가야 하는지 생각해 냈어. 누구도 너에게 뭔가를 가르쳐 주지 않았어. 유리에 관해서나 사업에 관해서나. 너는 포장지를 사는 것에서부터 출고하는 상자에 이르기까지 모든 것을 다 고안해 냈어. 너는 정말로 모든 것을 해결했어(이 엄청난 일들을). 그리고 넌 매우 잘했어.

나는 네가 그 모든 것에 책임감을 느낀다는 것을 이해해. 그것은 커다란 짐이야. 너는 압도된 느낌이고 그래서 그 모든 것을 앞으로 어떻게 처리할지 이해할 수 없어. 그래서 지금까지 꽤 많은 해, 한 4, 5년 동안 이러한 일들이 일어났고 너는 매우 성공적으로 해 냈지만, 여전히 도움을 받을 수 없다고 느끼고 있어. 나는 네가 꽤 지쳤고, 불안해하고, 압도되었다는 것을 이해해. 나는 네가 지원 없이 얼마나 많은 일을 해 왔고 얼마나 잘해 왔는지에 대해 연민의 마음을 가지고 있어.

낸시가 작업 윤리 부분에 진실로 연결되고 그것을 지지해 주기 위해서 그 부분을 이해해야 하고, 이해한 것과 인정한 것을 그 부분에게 전달하고 알려 주어야 한다.

J: 이제 작업 윤리 부분으로 돌아가서 그것이 당신에게 어떻게 반응하는지 봅시다.

N: 그러니까 제가 다시 자기에게 이야기하는 거죠?

J: 음…… 맞아요.

N: (작업 윤리 부분으로서) 난 당신이 내가 어떻게 느끼는지, 즉 내가 압도되고 혼자라고 느끼는 것을 이해해 줘서 고마워요. 그래서 나는 당신이 내 말을 들어 주어서 기분이 좀 나아졌어요. 하지만 나는 하루의 중간에 당신에게서 어떤 도움을 받는다고 느끼지 않아요. 이제 내 말을 들어주어서 좋아요. 그런데 낮 시간에 당신은 어디에 있죠? 당신은 거기에 있지 않아요! 여기에 있는 것은 단지 나와 이 정신 나간 애들(미루기 부분과 어린이) 뿐이에요. 낮 동안에 나를 돕기 위해서 당신은 무엇을 할 건가요?

J: 이제 다시 바꿔서, 당신의 반응을 보도록 하죠.

N: (자기로서) 낮 동안에 무엇을 할 거냐고? 네 말이 맞아. 나는 어디에 있지? 내가 거기에 있다고 생각지 않아. 나도 내가 왜 사라지는지 모르겠어. 너희가 너무 습관적이고 너희의 입장이 너무 강력해서 내가 사라지는 것 같아. 뭐라고 말해야 할지 모르겠어. 네가 옳아…….

낸시는 양극화가 발생하는 결정적 순간인 일하는 시간 동안에 자신이 자기로서 존재하지 않았음을 깨달았다. 이것이 이 문제를 그렇게 어렵게 한 주요한 이유다. 그리고 그렇게 된 것은 아마 부분들이 그녀와 융합되고 그녀를 점령했기 때문일 것이다.

N: 내가 어떻게 너를 도울 것인지에 대해서는…… 내가 나 자신을 믿는지 모르겠어. 그래서 이것은 흥미로운데, 내가 '현재'의 자각을 줄 수 있을 것 같아. 한 번에, 한순간에 존재하는 감각을 제공할 수 있을 것 같아. 왜냐하면 너는 계획들과 해야 할 너무 많은 일로 미래에 대해 지나치게 당황하는 경향이 있어. 나는 네가 미래를 생각하기 시작하는 것을 알 수 있어. 그리고 그것은 너를 매우 힘들게 하지. 그러나 나는 현재에 머물 능력이 있어. 그것이 도움이 될지는 모르겠지만 나는 이렇게 말할 수는 있어. "봐, 우리는 이제 막 한 가지 일을 하려고 해. 그런 다음에 우리는 다음 일을 준비할 거야." 나는 너를 숨쉬게 할 수 있고, 몸을 느끼게 할 수 있고, 숨쉬게 할 수 있고, 현재의 순간을 느끼게 할 수 있고, 생각을 현재의 순간으로 되돌아오게 할 수 있어. 그리고 한 번에 한 가지 일을 하도록 할 수 있어.

J: 작업 윤리 부분이 그것에 대해 어떻게 느끼는지 봅시다.

N: (작업 윤리 부분으로서) 음, 그것이 시작이네요. 내 생각에 그것은 내가 느끼는 두려움의 수준을 낮추는 데 도움을 줄 것 같아요. 왜냐하면 내가 느끼는 두려움은 실제로 미래에 대해 생각하는 것에 의해 심해지거든요. 네, 나는 현재로 돌아오는 데 도움을 활용할 수 있을 것 같아요. 그런 다음에 아마도 나는 현재가 괜찮고 우리가 미래에 어떻게 괜찮을지를 알아낼 수 있다는 믿음을 발달시킬 거예요. 그렇게 해서 어떤 종류의 상호적인 신뢰감이 생길 수 있어요.

자기는 작업 윤리 부분에게 자신이 무엇을 제공할 수 있는지를 보여 주었고, 그 부분은 그것을 좋아한다.

N: 모르겠어요. 왜냐하면 나는 여전히 내가 미래에 대해 책임이 있다고 생각해요……. 그리고 계획에 대해서도…….

비록 자기와 작업 윤리 부분이 어떤 중요한 작업을 했을지라도, 그 부분은 여전히 미래에 대해 걱정한다고 말한다. 이것은 나에게 뭔가가 더 필요하다는 것을 말해 주었고, 그래서 나는 한 가지 아이디어를 제시했다.

J: 좋아요. 저에게 한 가지 아이디어가 있어요, 낸시.
N: 무슨 아이디어죠?
J: 자기의 의자로 돌아가세요. 제가 자기인 당신에게 잠시 이야기를 하고 싶어요.
N: 좋아요.
J: 작업 윤리 부분이 일이 너무 많고 다른 부분에게 그들이 원하는 놀이시간과 현재에 머무를 시간을 줄 여유가 없어서 두려워하고 있다고 저는 들었어요. 저는 그 부분이 언급되어야 한다고 생각해요. 그래서 자기인 당신에게 다음과 같이 요청합니다. 작업 윤리 부분이 충분한 시간이 없다는 것을 두려워하는 것이 맞습니까? 아니면, 놀이시간을 포함하여 당신이 계획한 시간만큼 일을 한다면 충분한 시간이 있을까요?

작업 윤리 부분은 협동을 못 하게 하는 두려움을 가지고 있
다. 그 두려움이 현실적인 것인지 아닌지를 결정하는 것은 중
요하다. 그래서 나는 낸시에게 자기에게 접근하여 몇 가지 현
실성 검증을 하도록 요청했다.

N: 모르겠어요. 저의 부분은 만약 조직화가 된다면 더 많은 시간이
   있을 것이라고 생각해요. 그래서 저는 이것을 일주일 정도 시도
   해 보고 싶어요(하루가 아니라). 이것이 실제로 효과가 있는지를
   보기 위해서요.

J: 오, 알겠습니다.

N: 제 생각에, 너무 많은 방해공작이 일어나고 있어서 엄청난 양의
   시간이 낭비되고 있어요.

J: 그렇군요…….

N: 그러나 저의 다른 부분이 말하네요. "음, 지난주에 이틀 동안 쉬
   지 않고 일했어요. 나는 어떤 방해도 하지 않았어요. 나는 모든
   사업적인 일을 했고, 나는 전혀 미루지 않았어요. 그리고 완성
   하지는 않았어요. 어이쿠! 나는 사업적인 일을 하면서 8시간 동
   안 일했어요. 그리고 그것은 매우 만족스럽지 않았어요. 그것은
   소름끼치는 일이었죠."

J: 그리고 당신 역시 전혀 재미있지 않았고요.

N: 네. 전혀 재미없었어요. 제 말은, 그게 끔찍하지는 않았어요. 나
   는 일들을 점점 해 내고 있었어요. 그러나 그 일을 자발적으로
   하지는 않았어요. 그건 정말 놀라운 일이었어요. 아마 내가 생

각하는 것처럼 많은 시간이 있지는 않았을 거예요. 그래서 모르
겠어요. 정말 모르겠어요.

낸시의 사려 깊은 대답은 그녀가 아직 작업 윤리 부분의 두려
움이 현실적인지 아닌지를 알지 못한다는 것을 의미한다. 그래
서 그녀는 이것을 알아내기 위하여 한 가지 실험이 필요했다.

J: 그래서 당신은 실험을 할 필요가 있는 것 같아요. 그리고 방해
하지 않도록 두 부분이 실제로 협동하는 데 동의를 구할 필요가
있어요. 당신은 일주일 내내 재미를 위한 시간을 확보하고, 실
제로 어떤 일이 일어나는지 지켜보세요. 그것이 당신에게 사업
을 할 충분한 시간을 주는지 아닌지.

N: 네.

J: 그 실험으로 당신에게 사업을 할 충분한 시간이 생기지 않는 것
으로 판명되면, 결국 당신은 그들 모두가 원하는 것을 얻을 수
있도록 부분들에게 자기로서 당신의 사업에 대해 더 깊이 생각
할 것이라고 약속할 필요가 있어요.

N: 맞아요. 당신 말이 옳은 것 같아요.

J: 당신이 각 편에 요청해야 할 것은 다음과 같은 것으로 보입니
다. "너희는 일주일 동안 이번 실험을 위해 기꺼이 협동하고 어
떻게 되어 가는지를 지켜볼 의향이 있는가?" 이제 당신은 거기
서부터 어떻게 해야 할지 알 거예요.

N: 네. 우리는 모두가 서로 욕을 하는 대신에 깔끔한 방식으로 자

료를 모으고 무슨 일이 일어나는지를 볼 필요가 있어요.

J: 당신은 작업 윤리 부분이 다른 부분에게 일주일 동안 놀이시간을 기꺼이 준다면 일주일이 지나고 나서 그것이 효과가 있는지 없는지를 당신이 평가할 것이라고 하면서 작업 윤리 부분을 실제로 안심시킬 수 있다고 생각해요. 당신은 그 부분에게 영구적으로 그렇게 하라고 요구하는 것이 아니지만, 만약 그렇게 해서 효과가 없다면 당신에게 문제가 되겠군요.

나는 실험을 조직화하고 각 부분이 동의하는 것이 무엇인지를 다루는 데 적극적인 자세를 취했다.

N: 작업 윤리 부분, 나는 우리가 이 실험을 할 일주일 동안 당신의 공포와 압도됨을 기꺼이 진정시키는 것에 대해 당신의 동의가 필요해요. 우리는 실제로 얼마나 많은 일이 있는지, 얼마나 시간이 있는지, 그리고 그것을 모두 할 수 있는지 아닌지를 알아내기 위해 자료를 모을 거예요. 당신은 어린이와 빈둥거리는 미루기 부분이 그들만의 어떤 공간을 가질 수 있도록 하루에 두세 시간을 포기할 수 있어야 해요. 그리고 그들은 당신이 일해야 할 때 일하도록 허락해야 해. 그러면 우리가 자료를 모으고 알아낼 수 있을 거예요. 일주일 동안 실험하고 정보를 수집한 결과 만약 그렇게 하는 것이 효과가 없다면, 우리는 전체적으로 더 큰 계획을 구상해 볼 거예요. 이제 내가 미루기 부분과 어린이에게 말하겠어요…….

J: 아니요, 잠깐만요! 작업 윤리 부분이 이 점에 동의하는지를 보죠. 당신이 이것을 강요할 수는 없어요. 당신은 작업 윤리 부분의 동의를 얻어야 해요.

낸시는 실험과 그 실행을 위해 작업 윤리 부분이 어떻게 해야 할지를 고안했다. 그러나 그녀는 그 부분이 그렇게 하겠다고 동의하지 않으면 실험을 진행할 수 없다.

N: (작업 윤리 부분으로서) 음, 일주일 동안 기꺼이 시도해 볼게요. 그러나 계획을 설계하는 데 몇 가지 도움을 청하고 싶어요. 그 다음날 무슨 일이 일어날지, 당신은 어떤 일을 할 건지에 대해서요. 우리가 그렇게 할 때, 당신은 잡다한 일들을 위한 시간을 생략했어요. 당신은 그냥 큰일들에 대해서만 계획했는데, 그러면 다른 모든 작은 일들이 일어날 경우 그 큰일들이 사라져요. 그래서 나는 내가 가마를 굽지 못하게 되었을 때 너무 압도되지 않도록 당신이 작은 일들을 위한 시간을 계획에 포함하는 것을 확인받아야 해요.

이 대화가 작업을 어떻게 더 잘 조직하는 것에 대해 좋은 아이디어를 내는지 주목하라.

N: 그것에 대해서는, 나는 기꺼이 이번 계획에 일주일을 할애하는 데 동의해요. 우리는 9시부터 12시까지 일하고, 12시부터 1시

까지 쉬고, 1시부터 4시까지 다시 물건을 만들고, 4시부터 6시까지 어린이와 미루기 부분에게 놀이나 그들이 원하는 것을 할 시간을 줄 거예요. 그런 다음에 저녁에 일을 마무리할 거예요. 하지만 아래층이 아니라 위층에서 하면 좋겠어요. 네. 나는 일주일 동안 기꺼이 시도해 보겠어요.

J: 좋아요. 그럼 이제 다른 부분들로 넘어가죠.

N: (미루기 부분으로서) 흥미로웠어요. 이제 나는 작업 윤리 부분이 엄청난 책임감을 가졌다는 것을 이해해요. 그 부분이 모든 일을 떠맡고 있는 것 같아요. 우리가 단지 즐겁게 시간을 보냈다는 것, 즉 우리 자신의 일만 했지 돌보지는 않았다는 것을 알게 되었어요. 작업 윤리 부분의 강력한 책임감과 압도됨과 두려움에 내가 반응해야 할 것 같아요. 그래서 나는 작업 윤리에 대해 마음이 좀 더 부드러워졌어요. 그 부분은 정말로 자신이 모든 것을 처리하고 있다고 믿는 것 같아 보이기 때문이에요.

미루기 부분은 진심으로 작업 윤리 부분의 감정을 이해하고 있다. 이것은 미루기 부분이 협조하는 데 중요하다. 미루기 부분은 자신의 반응이 작업 윤리 부분의 강렬한 감정에 대한 응답임을 알아차린다. 이러한 알아차림은 그들이 서로의 말을 진실로 듣고 서로를 돌보기 시작하기 때문에 가능하다.

N: 나는 나의 반응 수준을 조금 양보할 수 있어요. 네. 나는 기꺼이 일주일 동안 시도해 볼 거예요. 내가 놀거나 어린이가 놀도

록 보호하는 동안 방해받지 않는 작업 정지 시간(blocked - out time)을 갖는다는 생각이 마음에 들어요. 나는 작업 윤리 부분에게 죄책감을 느끼거나 판단 받거나 시달릴 필요 없이 정말로 자유로운 시간을 보낼 거예요. 그래서 12시부터 1시까지와 4시부터 6시까지 우리가 밖에 나갈 수 있다면 정말 좋을 거예요. 나는 우리가 밖에 나가서 재미있는 일을 할 기회가 있는 한 기꺼이 장신구를 밖에 가지고 가서 일할 수도 있어요. 나는 심지어 그곳에서 조금 시간을 떼어 일할 수도 있어요. 그러나 선택은 나의 것이어야 해요. 나는 강요받지 않을 거예요. 나는 내가 하고 싶은 일이 무엇이든 간에 그것을 위한 시간을 확보하길 원해요. 놀고 정원에 가고 그 밖에 무엇을 하든지. 만약 내가 일하고 싶고 참여한다면, 그 또한 좋아요. 하지만 그건 나의 결정이에요. 그래서 나는 기꺼이 일주일 동안 실험해 보겠어요.

J: 당신에게 동의를 구해야 하는 사항은 9시부터 12시까지와 1시부터 4시까지 그리고 내 생각에 저녁시간에도 작업 윤리를 방해하지 않는 것이에요. 이것이 당신이 실제로 동의해 주어야 할 사항이에요.

미루기 부분은 실험에 동의했다. 그러나 실험의 가장 중요한 부분에는 동의하지 않았다. 그래서 내가 그것을 의제로 가져왔다.

N: (미루기 부분으로서) 오…… 그건 다른 문제네요. 9시부터 12시까지 방해하지 않는다……. 좋아요. 기꺼이 그렇게 해 보겠어

요. 하지만 떠오르는 생각, 좋은 아이디어 같은 것을 다루는 몇 가지 방법이 필요해요. 나는 항상 생각이 불쑥불쑥 떠오르거든요. 그리고 그 생각 중 몇몇은 좋은 생각이에요. 나는 내가 그 생각들을 처리하지 않으면 그것들이 버림받고 사라져 버릴 것 같다는 두려움이 있어요.

나는 내가 생각들을 바로 실행할 수 없는 9시부터 12시, 1시부터 4시까지 그 생각들을 기록할 방법이 필요해요. 내가 녹음기에 나의 아이디어들을 말하면 어떨까요? 그런 다음에 내가 나중에 그 생각들을 실행한다면, 그건 좋아요. 그렇게 하면 그 생각들이 날아가지 않아요. 이게 내가 9시부터 12시까지와 1시부터 4시까지 내 생각대로 행동하지 않기 위해 찾아낸 방법이에요. 그런 조항이라면, 내 머릿속에서 생각이 뿜어져 올 때 나는 가만히 있지 않아도 돼요. 그러면 나는 기꺼이 실험해 보겠어요.

J: 좋아요. 작업 윤리 부분이 이것에 대해 어떻게 생각하는지 보죠.

이 동의안을 가지고 주거니 받거니 노력하여 일치를 봄으로써, 부분들은 실험을 해 내기 위한 새롭고 창의적인 아이디어에 이르렀다. 이것은 그들이 실제로 협동하고 있다는 표시이며, 양극화 작업의 더 깊은 수준의 목적이다. 이 문제에 대해 단지 실제적인 해결안을 얻는 것만이 아니라 함께 작업하는 방법을 배우는 것이다.

N: (작업 윤리 부분으로서) 좋아요. 그건 실행 가능하겠어요. 녹음기는 좋은 생각인 것 같아요. 당신은 많은 아이디어를 가지고 있고 때때로 그것들은 사업에 정말로 유용하기 때문이에요. 당신은 내가 너무나 압도당해서 잊어버린 일을 생각해 내요. 당신에게 생각이나 아이디어가 떠오를 때마다 녹음기에 기록해요. 그러면 우리가 나중에 그것을 검토해 볼 거예요. 그렇게 하면 생각들이 날아가지도 않고 당신이 생각에 따라 행동하려는 충동을 느끼지 않겠지만, 그 생각들은 그대로 거기에 있을 것이기 때문에 좋을 것 같아요. 이제 나는 정말로 당신이 일을 방해하지 않을 것이라고 믿어요.

J: 이제 당신들이 합의점에 이른 것 같군요. 맞나요?

N: 네. 제 생각에 그건 사실이에요. 나는 미루기 부분이 조금 나와서 산만하게 하는 게 좋아요. 그것은 행동으로 실천해야만 할 것으로 생각되는 자발적인 아이디어들을 가지고 있기 때문이에요.

J: 네. 그 부분이 그러한 아이디어에 따라 행동하게 하는 방법을 찾아내 적용하는 것은 현명한 일이에요.

N: 나에게 계획이 있다고 생각되고 그것을 일주일 동안 실행하게 되어서 기뻐요.

J: 그럼 내면을 점검해 보고 모든 부분도 그것에 기뻐하는지 보세요.

N: 네. 우리는 어린이의 이야기를 듣지 않았지만 어린이는 새로운 일은 어떤 것이든지 즐겁다고 생각해요. 그래서 어린이는 새롭

고 재미있는 어떤 것과 실험에 대해 흥분되어 있어요. 그래서
기꺼이 하려고 해요.

J: 마지막 한 가지를 점검해 봅시다. 어린이 또한 기꺼이 9시부터
12시와 1시부터 4시까지 방해하지 않을 건가요?

방해공작이 문제가 되었기 때문에, 우리는 모든 부분이 방해
를 멈추는 데 동의하는 것을 명확히 할 필요가 있다.

N: 네. 어린이에게 물어보죠. 네. 어린이는 기꺼이 방해하지 않겠
다고 하네요. 다른 부분들과 잘 지내겠다고 해요. 어린이는 장
신구 만드는 것을 좋아해요. 일하는 것을 좋아하죠. 또 물건 만
드는 것을 좋아해요. 어린이는 괜찮아요. 그것은 재미있는 실험
이에요. 어린이는 기꺼이 시도해 보겠다고 하네요. 어린이는 반
발적이지 않아요. 반발적인 것은 보호자(미루기 부분)예요.

J: 이 동의안을 마무리하기 전에 덧붙이자면, 이 실험이 효과적이
기 위한 핵심은 실험하는 동안에 가능한 한 당신이 자기주도로
존재해야 한다는 것이에요.

나는 그녀에게 단지 동의를 얻는 것만으로는 충분하지 않다
는 점을 상기시킨다. 그녀는 동의안을 시행하는 동안 부분들을
지지하기 위해서 그리고 실험을 감독하기 위해서 자기주도로
있어야 한다.

N: 좋아요. 그러니까 이 동의안을 실행하는 것은 단지 부분들만이 아니라는 것이지요? 그것은 약간 분열적이면서 너무 분석적이지는 않을 거예요. 나는 낮 시간 동안 부분들과 함께 자기로서 존재하고 싶어요. 이해하나요?

J: 네.

N: 자기는 모든 것을 감독하고 순조롭게 진행되도록 하고 정보를 수집해요.

J: 좋아요. 그럼 여기서 마칠까요?

N: 네. 좋아요.

이 세션에서 우리가 탐색하지 않은 한 가지는 작업 윤리 부분이 보호하고 있는 유배자였다. 작업 윤리 부분의 두려움과 압도됨은 단지 상황과 양극화 때문이 아니다. 분명히 그 부분의 밑에는 유배자가 있다. 그 유배자에게 접촉하고 치유하는 것 또한 이 갈등을 해결하는 데 도움이 될 것이다.

양극화 역할극

이 장에는 여러분이 IFS 집단이나 워크숍에서 사용할 수 있는 양극화 연습에 대해 설명하고자 한다. 나는 이것을 IFS 1단계 훈련과정에서 배웠다.

한 사람이 양극화의 문제로 작업하는 시범을 보인다. 나는 이 사람을 탐험자(explorer)라고 부르겠다. 다른 두 사람이 탐험자의 양극화된 부분들 역할을 맡고, 탐험자는 자기로 참여한다.

1단계   탐험자는 집단에게 양극화된 부분 각각을 설명한다. 이러한 설명은 집단원들이 그 부분들을 가지고 역할극을 할 수 있을 만큼 충분히 자세해야 한다.

2단계   다른 두 집단원이 이러한 양극화된 부분의 역할을 하도록 선택된다. 당신은 탐험자에게 선택된 사람이 원하면 이탈할 수 있음을 이해한 상황에서 각 부분의 역할을 할 사람을 선택하도록 요청할 수 있다. 반대로 집단에 있는 사람들이 각 부분의 역할을 맡고자 자원할 수도 있다. 사람들이 선택된 후, 사람들에게 자신의 역할을 연기할 만큼 역할을 충분히 이해했는지 확인한다. 만약 이해가 충분하지 않으면, 그 부분의 역할을 할 수 있을 때까지 탐험자에게 더 자세히 설명하도록 한다.

3단계   두 역할자는 자신의 부분이 양극화된 것을 반영하는 대화(보통은 논쟁)를 한다. 이러한 논쟁 중에, 그들은 양극화된 부분의 극단적인 상태에 머문다. 탐험자는 필요하다면 각 부분이 역할을 정확하게 하도록 코치할 수 있다. 그러나 역할자들이 자신의 역할을 연기하는 데 자신의 직관과 경험을 사용하도록 격려하라.

당신은 각 부분의 입장이 명확하게 보이고 양극화 갈등이 설명되었을 때 이 단계를 끝낸다. 당신은 또한 역할 연기자들이 자신의 연기를 반복하기 시작한다면 이 단계를 끝낸다.

4단계   탐험자에게 자신이 이 논쟁을 지켜 보면서 정서적으로 어떤 영향을 받았는지 탐색하도록 요구하라. 자신의 정신(마음)이 아주 생생하게 묘사되는 것을 지켜보는 것은 매우 강력한 효과가 있다. 탐험자에게 이것이 가져온 통찰을 나누도록 요구하라.

탐험자에게 양극화된 부분들 사이의 논쟁을 봄으로써 다른 어떤 부분들이 활성화되었는지 물어보라. 만약 어떤 유배자가 활성화되었다면, 탐험자에게 그 유배자를 양극화된 부분에서 분리하고 안심시키도록 하라. 그런 다음에 탐험자가 자기로서 그 유배자를 위로하고 양육하도록 코치하라.

만약 양극화된 부분들 외에 어떤 보호자가 활성화된다면, 탐험자가 그 보호자를 양극화된 부분에서 분리하도록 하라. 또는 그 보호자가 바로 분리되지 않는다면, 그 보호자를 분리시키기 위하여 필요한 어떠한 추가적인 작업을 하라.

5단계　탐험자는 양극화된 각 부분에 대하여 차례로 자기로서 존재해야 하며 그 부분의 역할을 맡은 집단원들에게 이야기함으로써 그 부분과 작업한다.

① 탐험자는 필요하다면 양극화된 부분들에게서 분리한다.

② 탐험자는 그 부분들에게 어떤 느낌이 드는지를 확인하고 걱정되는 부분들로부터 분리함으로써 자기로 머물 수 있다.

③ 탐험자는 부분의 긍정적인 의도를 알기 시작하고 그 부분에 대한 이해와 감사를 표현한다.

④ 각 역할자(부분)는 이러한 감사에 어떤 기분이 드는지를 설명한다.

6단계　부분의 역할자들 사이에 새로운 대화를 시작한다. 이번에는 부분들에게 일어난 변화를 반영하고 작업을 통한 결과로서의 관계를 반영한다. 이번 대화는 보통 매우 만족스러운 방식으로 극적으로 다른 것이 될 것이다. 이러한 변화는 내담자와 집단원들에게 양극화를 해결하는 것이 가능함을 보여 준다.

7단계   탐험자에게 이렇게 변형된 대화를 지켜봄으로써 어떤 영향을 받았는지 탐색하도록 한다. 보통은 안심된 느낌과 희망감을 느낀다.

8단계   탐험자에게 자신이 양극화된 각 부분에 의해 어떤 유배자가 보호받고 있는지를 느낄 수 있는지 물어본다. 만약 탐험자가 확실히 모르면, 역할자들에게 보호되고 있는 유배자가 느껴지는지 물어본다. 이러한 유배자들에 대해서 작업하려고 하지는 말라. 그것은 이번 실행의 범위를 넘어서는 일이다.

9단계   역할자들은 공식적으로 역할에서 벗어나 자기 자신으로 돌아온다. 그때 그들은 이렇게 말한다. "나는 더 이상 탐험자의 부분이 아니에요. 나는 (이름)이에요." 그런 다음에 그들은 역할 연기를 하는 것이 어떤 느낌이었으며 그들에게 어떤 통찰이 있었는지를 나눈다.
탐험자가 전체 연습과정이 자신에게 어떤 영향을 주었는지를 말하고, 이어서 다른 집단원들 또한 각자의 작업에 대한 개인적인 느낌을 나눈다.

양극화 작업 추후 과정

1. 실제 생활에서 양극화에 대해 작업하기

양극화된 두 부분이 세션 중에 합의에 이르렀다고 해서 다 끝난 것이 아니다. 그 합의는 여전히 계속 실행되어야 한다. 해결책이 실제로 행해져야 하는 다양한 우연한 사건이 내담자의 삶에 발생할 수 있다. 그렇다면 더 많은 작업이 필요해질 것이다.

예를 들어, 앤이 양의 부분이 보호해 오던 유배자를 치유한 후에, 그 유배자는 상당한 정도로 그 역할에서 여유로워졌을 것이다. 그런 다음 삶 지향적인 부분이 앤에게 그녀의 재능을 세상에 보일 프로젝트를 수행하도록 촉구할 것이다. 이것은 아마도 그녀가 과거보다 사람들과 더 많이 접촉하는 것을 포함할 것이고, 양의 부분을 촉발할지 모른다. 그 결과 역할에서 크게 벗어날지라도, 앤의 부분에서 새로운 성장은 아마도 사람들과 새로운, 어쩌면 위협적인 상호작용을 하게 하는 결과를 초래할 수 있다. 만약 양의 부분이 다시 행동화한다면, 앤은 그 순간 그것

을 다루어야 한다. 그리고 가능하면 세션에서 IFS 작업을 좀 더
해야 할 것이다.

세션에서 결론에 이른 후에, 내담자의 삶에서 양극화된 부분
들이 나타나는 순간에 내담자가 그 부분들과 작업하는 것은 중
요하다. 그 순간 내담자는 자기가 주도하도록 작업해야 한다.
이것은 필요하다면 그 순간에는 각 부분으로부터 분리된다는
것을 의미한다.

더불어 내담자는 부분들에게 세션 중에 어떤 일이 일어났는
지를 상기시키고, 그 부분들에게 주도하도록 하고 어떤 행동을
할지를 결정하도록 하라. 이렇게 하는 것은 내담자가 세션에서
작업했던 것에 따라서 결정을 내리고 행동하도록 해 준다. 이
러한 행동들은 각 부분을 만족시켜야 하며 내담자가 기능적이
고 그 상황에서 좋은 기분을 느끼도록 도움이 되어야 한다.

예를 들어, 앤이 지역에서 그녀의 업적을 알리는 강연을 하
거나 워크숍을 이끈다고 가정해 보자. 이것은 아마 양의 부분
을 촉발시켜서 그녀가 마비된 느낌을 갖도록 하고 사람들로부
터 멀어지게 할지도 모른다. 그 순간 앤은 어떤 일이 일어나고
있는지 알아차려야 하고, 양에게 물러나도록 요청하고 그녀가
자기주도로 그 상황을 다루도록 허락해야 한다. 이것은 그녀가
만나는 사람들에게 열려 있고 친숙하게 접촉하도록 해 줄 것이
다. 앤은 양에게 그 어린 소녀는 이제 치유되었고 안전하다고
상기시켜 주길 원할 수 있다. 그리고 그녀는 자신의 강의나 워
크숍에서 사람들에게 모욕당하지 않을 것이다.

새롭거나 예기치 않은 상황들이 발생할 때, 양극화된 부분들은 새롭게 촉발될 수 있고 내담자는 한쪽 또는 양쪽 부분과 더 깊이 있는 대화를 나눌 필요가 있을 것이다. 이러한 실생활에서의 작업 동안에, 내담자는 미래의 세션에서 어떤 작업을 할 것인가를 가리키는 부분들에 대한 새로운 통찰을 얻을지도 모른다.

예를 들어, 이제 삶 지향적인 부분이 자유로워졌으니 앤이 과도하게 열심히 일하도록 몰아붙이기 시작할 것이고 그녀의 현재 전문적인 경험을 넘어서는 프로젝트를 떠맡게 하려고 할 수 있다. 이 부분은 일에서 자기 가치감을 얻으려고 노력하기 때문에 이런 식으로 과도하고 극단적인 방향으로 갈 수 있다. 이것은 양의 부분이 마음을 닫고 사람들로부터 숨도록 몰아붙이면서 다시 극단적이 되도록 촉발할 수 있다.

그러면 앤은 각 부분이 이 새로운 문제를 해결하기 위하여 더 많은 대화를 하도록 해야 한다. 그녀는 또한 삶 지향적인 부분이 보호하고 있는 유배자와 작업할 필요가 있다. 유배자가 치유되면, 삶 지향적인 부분은 그녀를 그렇게 과도하게 몰아붙이지는 않을 것이다. 그 부분은 단순히 그녀의 재능을 세상에 보이고자 하는 자신의 진실한(본래의) 바람에 의해 동기화될 수 있다. 그 결과, 양의 부분은 그녀의 마음을 닫으려고 노력하는 반응을 덜 할 것이다.

마찬가지로, 낸시가 그녀의 실험을 시도하려 할 때 문제들이 발생할 수 있다. 작업 윤리 부분이 쉬는 시간에 대한 약속을 어기고 하루에 너무 많은 여분의 일을 몰아붙일 수 있다. 이것은 미루기 부분을 촉발하여 보복으로 그녀의 일하는 시간을 어기도록 할 수 있다. 이것을 피하기 위하여, 낸시는 자기가 주도하여 부분들에게 그들의 협의사항을 상기시켜 작업 윤리 부분이 약속한 휴식시간을 존중하도록 한다.

만약 이것이 특정한 날에 가능하지 않을 경우, 그날에 대해서는 미루기 부분과 어떤 변경사항을 협상하여 그 부분이 무시당하는 느낌이 들지 않도록 할 필요가 있다. 만약 그 부분이 일시적으로 노는 것을 유보하는 것에 동의한다면, 그것은 일을 방해하지 않을 것이다. 이러한 협상은 낸시의 자기주도로 감독되어야 한다.

2. 만약 내담자의 행동이 변화하지 않는다면

당신이 양극화를 해결한 것 같은데 내담자의 행동이 변화하지 않는다면 어떻게 할 것인가? 당신이 대화로 양극화의 해결에 이르거나 당신이 유배자를 해방시키고 그것의 보호자가 안심한 것 같지만 내담자는 계속해서 문제를 보여 준 행동을 지속한다고 가정해 보자. 가장 먼저, 당신은 내담자에게 그 행동의 근원이 되는 부분(또는 부분들)에 다시 접촉하여 왜 그것이 계속하여 같은 방식으로 행동하는지를 탐색하도록 하라. 그 이유를 알아낸다면, 그것은 당신이 다음에 어떤 작업을 해야 하는지를 말해 줄 것이다.

여기에 몇 가지 가능성이 있다.

① 당신은 아마 단지 하나의 유배자만을 치유했을지 모른다. 양극화에서 각 보호자는 하나의 유배자를 보호하고 있다는 것을 기억하라. 양극화된 한쪽 편의 보호자는 아마 자신의 유배자가 아직 치유되지 않았기 때문에 여전히 극단적인 방식으로 행동하고 있을지 모른다.

② 당신이 한쪽 유배자와 한 성공적인 작업은 이제 관심이 필요한 더 깊숙한 곳에 있는 유배자를 나타나게 한다.

③ 문제의 보호자는 아마 하나 이상의 유배자를 보호하고 있을지 모른다. 그리고 당신은 그 유배자 중 단지 하나만 치유했다. 예를 들어, 캐리가 과식 부분과 음식 조절 부분 사이의 양극화 문제를 겪고 있다고 가정해 보자. 당신은 과식 부분이 보호하고 있는 박탈당하고 결핍을 느낀 유배자를 발견했고 그 유배자를 치유했다. 그러나 캐리의 과식은 계속된다. 당신은 더 깊이 탐색하여 가족에게 화를 표출하는 것의 위험 때문에 과식하는 부분에 의해 유배 당한 분노 부분을 발견한다. 이 분노의 유배자는 또한 과식 부분이 기꺼이 쉬려고 하기 전에 치유되어야 한다. 그리고 캐리에게는 이 부분이 보호하고 있는 더 많은 유배자가 있을지 모른다. 그것은 아마 우유를 먹고 자란(굶주린) 유배자일 수도 있다.

④ 양극화의 한쪽에 두 번째 부분이 있을 수 있다. 양극화에
는 두 편이 있다는 점을 기억하라. 그러나 각 편에 하나 이
상의 부분이 있을 수 있다. 당신은 실제로 한 편 또는 두
편의 양극화된 부분이 변화하는 것을 도왔다. 그러나 양극
화의 어느 한 편에 두 부분이 있을지 모른다. 그리고 당신
은 그 두 번째 부분을 알아차리지 못했다. 그 둘 중, 하나
는 변하였지만 다른 하나는 아직 변하지 않았다. 당신은 그
다른 하나의 부분을 발견하고 그것과 작업할 필요가 있다.
예를 들어, 돈(Don)이 매우 열심히 일하도록 몰아붙이는
감독자 부분과 실패를 두려워해서 필수적인 일을 회피하
도록 하는 미루기 부분 사이의 양극화 문제가 있다고 가정
해 보자. 당신은 그 두 부분과 성공적으로 작업했다. 그러
나 돈은 계속해서 중요한 일을 회피한다. 이후 당신은 돈
이 또한 완벽주의에 의해 지배당하고 싶지 않기 때문에 그
부분을 거부하는 반항 부분(Rebel Part)을 가지고 있다는
것을 발견한다(돈의 아버지는 권위적이었다). 반항 부분은
명백히 양극화에서 미루기 부분과 같은 편에 있다. 당신은
돈이 문제를 성공적으로 해결하도록 반항 부분과 작업하
여 협조하도록 도와주어야 한다.

⑤ 아마 원래의 양극화는 실제로 해결되었지만 다른 부분이
그런 양극화의 해결에 의해 위협을 느끼고 있을지 모른다.
그렇다면 이 부분이 해결로 나타난 변화를 약화시킬 수 있
다. 당신은 이 부분을 찾아서 양극화의 해결로 잇따라 일

어나는 변화에 편안해질 수 있도록 작업해야 한다. 예를 들어, 돈이 그의 미루기 문제를 해결하고 많은 것을 성취하고 성공적이 되기 시작한다고 가정해 보자. 이러한 변화로 성공을 두려워하는 부분이 촉발될 수 있다. 이 부분은 돈이 성공하지 못하도록 하기 위해 이전의 자유로워짐과 양극화의 해결을 깎아내리려고 노력할 것이다. 당신은 이 부분을 발견하여 그 부분이 두려움으로부터 벗어나도록 도와야 한다.

인간의 정신은 매우 복잡할 수 있다. 당신이 IFS의 과정을 따라서 부분들을 자유롭게 하고 변화시켰다고 해서 내담자의 행동이 당장 변할 것이라고 생각하지 말라. 하나의 행동에는 다양한 결정인이 있을 수 있다. 다양한 결정인이란 다양한 부분을 말한다. 내담자가 추구하는 외향적인 변화가 일어나지 않을 때는, 당신이 이유를 발견할 때까지 내면을 탐색하라. 그런 다음에 당신이 발견한 부분들이 모두 치유되고 변화되어 양극화가 해결될 때까지 그 부분들과 작업하라.

더 큰 체계 안에서의 양극화

양극화는 단지 개인 내적으로만 발생하는 것이 아니다. 양극화는 커플, 가족 그리고 조직과 같이 더 큰 체계 내의 사람들 사이에도 존재한다. 가장 일반적인 것이 두 사람 사이의 양극화, 특히 결혼과 같은 친밀한 관계에 있는 두 사람 사이의 양극화다. 커플이 그들의 삶에서 마주치는 문제에 대하여 양극화되는 것은 일반적이다. 예를 들어, 그들은 아이를 기르는 상황을 다루는 최고의 방식에 대해서 양극화될 수 있다. 이러한 양극화는 끊임없는 싸움으로 이어진다.

배우자 간의 양극화 역동 때문에, 그들 각자는 마치 부분들이 그러하듯 자신의 입장을 고수하기 위하여 극단으로 치닫는 경향을 보일 것이다. 그들 각자는 자신의 입지가 약해지고 패배하는 것이 두려워서 배우자와 동의한 것을 잊어버릴 수 있다. 그러나 이러한 전략은 서로를 이해하기보다는 두 사람이 싸우는 결과를 초래한다.

예를 들어, 에드와 마사는 그들의 딸인 캐롤라인의 잠자는 시

간에 대해 얼마나 엄격해야 할지 합의하지 못하고 있다. 마사
는 때때로 잠자는 시간을 늦출 수도 있다는 입장인 반면, 에드
는 매일 밤 잠자는 시간을 일관되게 지키기를 원한다. 그는 심
지어 자신이 느끼기에 캐롤라인을 되는대로 하게 하는 마사의
경향에 반대하기 위하여 그가 실제로 필요하다고 느끼는 것보
다 더 엄격해진다. 마사는 에드의 엄격함에 대항하여 싸우기
위해 그녀가 실제로 적절하다고 믿는 것보다 더욱 융통적인 입
장에 선다.

또한 조직, 지역사회, 정당 또는 국가와 같은 집단들 사이의
양극화도 존재한다. 지금 당장, 우리 정부에는 좌익과 우익 사
이의 극단적인 양극화가 존재한다. 많은 양극화가 낙태와 같이
중대한 특정 문제들을 둘러싸고 형성된다. 이러한 양극화들은
부분들 사이의 양극화와 유사한 역동을 보인다. 양쪽 사람 또는
양쪽 편은 다른 편의 극단적인 면과 만약 다른 편이 힘을 얻게 되
면 발생할 것을 두려워하는 위험에 대항하여 싸우기 위해 자신
들의 극단적인 행동과 태도를 꼭 필요하다고 정당화한다.

우리 중 많은 사람은 한편에 완전히 동일시하거나 다른 편을
비방함으로써 이러한 더 큰 집단 양극화에 참여하고 있다. 그
러나 우리는 종종 다른 편과 어느 정도 동의하는 부분을 가지고
있다. 비록 이 부분이 우리의 의식에 전적으로 드러나지는 않
지만 말이다. 어떤 문제를 둘러싸고 엄격하게 양극화되었을 때,
우리는 다른 편에 대해 어느 정도 이해하거나 동의하는 자신의
어떤 부분을 유배시키는 경향이 있다.

예를 들어, 당신이 낙태를 선택할 여성의 권리를 믿는다고 가정해 보자. 그와 다른 한편에는 태아의 생명을 앗아 가는 것에 대한 의혹(불안)을 품은 당신의 부분이 있을 것이다. 그러나, 이 부분에게 당신의 정신(마음) 안에 여지를 주는 것은 낙태 권리를 옹호하는 당신의 능력을 위협할지도 모른다는 느낌을 받을 수 있다. 그래서 당신은 이 부분을 유배시키고 낙태에 대한 엄격한 옹호자가 될 수 있다. 그러나 이것은 동시에 당신이 낙태를 반대하는 누군가와 성공적으로 대화하는 것을 불가능하게 할 것이므로 당신에게 역효과를 일으킬 것이다. 대화는 실로 당신의 정신 내적으로도 세상 밖에서도 모두 이러한 문제를 해결하는 최선의 방법이다.

그래서 우리의 내적인 양극화는 세상의 이러한 더 큰 양극화에 의해 영향을 받는다. 만약 당신이 이런 식으로 영향을 받은 당신 안의 양극화를 알아차리고 그것들을 해결하기 위하여 작업한다면, 당신은 우리 사회와 문화의 분열을 치유하는 데 더욱 준비된 참여자가 될 것이다.

1. 개인 내적인 양극화를 외부(세상 밖)의 양극화에 투사하는 것

당신이 마음껏 먹고자 하는 부분과 체중을 줄이고 싶어 하는 부분 사이에 내적인 양극화 문제가 있다고 가정해 보자. 만약 다른 사람이 당신에게 살을 빼라고 강요하는 것과 같은 양극화의 한쪽 편을 강조하면, 이런 상황은 당신 안의 음식을 즐기고자하는 양극화된 다른 한 부분을 불러일으키기 쉽다. 만약 이 사람이 다이어트에 관해 강하게 몰아붙인다면, 당신은 양극화에 대한 자신 안의 관점을 잃어버리고 완전히 오직 한편, 이 경우 마음껏 먹고 싶어 하는 부분에 완전히 융합된다. 당신 안에 있는 다이어트 부분은 그것의 입장이 강압적이고 해롭다고 인식한 다른 사람에게 자리를 내어 주었기 때문에 유배된다. 즉, 당신의 내적인 양극화는 외부의 관계에 투사되었다.

이러한 종류의 양극화는 커플 사이에서 일반적이다. 한 사람은 항상 즐기는 것과 같은 양극화의 한편을 옹호하고 다른 사람은 항상 책임지는 것과 같은 반대의 입장에 선다. 파트너는 각자가 내면에 양극화의 두 부분을 가지고 있다는 사실을 망각한다. 그리고 이 점은 그들이 문제에 대해 건설적으로 대화하는 것을 어렵게 한다.

당신이 양극화된 어떤 사람과 관계할 때 똑같은 일이 발생한다. 만약 당신이 내적인 양극화 문제를 가진 어떤 사람과 친하고 그 양극화의 한쪽 편을 강하게 지지하는 입장을 보인다면, 당신은 아마 그 사람의 반대편 부분에서 하는 말만 들을 것이고 그 사람이 당신에게 동의하는 부분도 가지고 있다는 것을 결코 알지 못할 것이다. 그리고 최악인 것은, 그 다른 사람도 그러한 사실을 알지 못할 것이라는 점이다.

많은 부모가 어린이나 청소년 자녀들과의 관계에서 이러한 함정에 걸려든다. 당신이 책임감의 편에 서면 아이들은 자신의 책임감 편에 대한 감각을 잃어버리고 자유의 편에 선다. 청소년이 책임감 있는 사람 대 항상 즐기는 사람이라는 내면의 양극화를 가지고 있을 때 만약 당신이 책임감의 편에 서면, 청소년은 당신에게 대항하여 싸우기 위해 즐기는 편에 전적으로 서게 될 것이다. 만약 당신이 어떤 사람에게 발생한 양극화의 양쪽 편을 모두 강조할 수 있다면, 당신은 그 사람과 훨씬 효과적으로 대화할 수 있을 것이다. 그러면 그 사람은 당신을 더 신뢰할 것이고 당신의 관점에 더 개방적이 될 것이다. 또한, 자신의 내면에서 당신에게 동의하는 부분을 알아차릴 가능성이 크다.

부록 A_양극화 도움 양식

...

이 도움 양식은 당신이 양극화에 대한 작업을 할 때 참고 자료로 사용될 수 있다. 이 자료는 슈워츠에 의해 개발된 방법을 가르치기 위해 저자가 정교하게 다듬은 7단계를 사용한다.

1) 양극화 부분들을 알아차리고 확인한다.

2) 내담자가 자기(Self)에 접근할 수 있도록 각 부분을 서로 분리시키는 일을 촉진시킨다.
   ① 내담자가 각 부분을 동시에 의식 속에 간직하도록 하라.
   ② 내담자가 다른 부분을 알아 갈 수 있도록 각 부분에게 자리를 비켜 줄 것을 요청하라.
   ③ 내담자가 또한 각 부분을 알게 될 것이라고 안심시키도록 하라. 그리고 다른 부분이 지배하도록 하지 마라.

3) 내담자가 각 부분의 역할, 긍정적인 의도 그리고 다른 부

분들과의 갈등에 대해 알아차리도록 촉진하라.

① 관련되는 부분들을 분리시켜라.

② 그 부분이 내담자를 위해 무엇을 하려고 하는지 알아
내도록 하라.

③ 부분이 양극화된 다른 부분에 대해 어떻게 느끼는지
그리고 어떻게 대항하는지 알아내도록 하라.

④ 내담자의 '자기(Self)'와 각 부분 간에 서로 신뢰하는 관
계를 발전시키도록 하라.

4) 유배자와 작업할지 또는 양극화의 대화에 개입할지를 결
정하라.

5) 각 부분이 자기의 지도하에 다른 부분과 양극화의 대화를
하도록 내담자가 부분들의 허락을 받도록 하라.

① 각 부분에게 다른 부분이 지배하거나 공격하는 것을
'자기'가 허용하지 않을 것이라고 안심시키도록 하라.

6) 양극화의 대화를 시작하도록 촉진하라.

① 이것을 내면적으로 할지 아니면 외부적으로 할지 결정
하라.

② 각 부분이 자신의 위치를 명확하게 하고 다른 부분들
에 반응하게 하라.

③ 위치들과 갈등이 확실해질 때까지 과정을 계속하라.

7) 진정한 대화와 해답을 촉진하라.

　① 각 부분은 자신이 보호하고 있는 유배자를 드러낸다.

　② 각 부분은 다른 부분의 관심과 두려움을 경청하고 적
　　절하게 반응한다.

　③ 한 부분, 자기 또는 치료사가 해답을 제시한다.

　④ 각 부분은 잠재적인 해답을 고려하고 개선하기 위한
　　관심들과 제안들을 불러일으킨다.

　⑤ 부분들은 서로가 동의할 수 있는 결론(해답)에 이르기
　　위해 서로 다른 부분 그리고 자기와 협상한다.

부록 B_용어 정의

...

부분에 접근하기 이미지, 정서, 신체 감각 또는 내면 대화를 통해서 경험적으로 부분에 파장을 맞추는 것.

융합하기 한 부분이 내담자의 의식을 지배하고 내담자가 그 부분의 느낌들을 느끼고 그 부분의 행동이 옳다고 믿고 그 부분의 충동에 따라 행동하는 상황.

부담 자신이나 세상에 대한 고통스러운 정서 또는 부정적인 믿음 등으로, 과거(일반적으로 어렸을 때)의 고통스럽던 상황이나 관계의 결과로 부분이 떠맡게 된 것들이다.

걱정하는 부분 표적 부분에 대해 비판적이고 분노를 느끼는 부분. 내담자가 걱정하는 부분과 융합하게 되면 그는 자기(Self)에 있지 않은 것이다.

통합 대화 둘 또는 그 이상의 부분들이 그들 간의 양극화를 해결하기 위해 서로 대화를 주고받는 상황.

 대화 각 부분(또는 사람들)이 상대의 조망을 듣고 협력하려고 순수하게 노력하는 상황에서의 두 부분(또는 사람들) 간의 대화.

 직접적 접근 IFS 치료의 한 형식으로 치료사가 직접 부분에 대해 말하는 것이며 내담자는 부분과 융합되어 부분으로서 치료사에게 반응한다. 이것은 또한 처음에는 내담자가 한 부분과 융합하고 다음에는 다른 부분과 융합하면서 두 부분이 서로 이야기하는 것을 포함한다.

 부인된 유배자 고통 때문이 아니라 그 사람이 성장과정의 환경에서 받아들여지지 않아서 의식 밖으로 몰아낸 유배자.

 분리하는 소방관 분리를 이용하여 유배자를 보호하는 소방관.

 유배자 과거의 고통을 안고 있는 어린아이 부분.

 외부 대화 내담자가 각 부분을 위하여 각기 다른 의자에 앉아 부분으로서 이야기하는 것으로 직접적인 접근법을 사용하는 통합 대화.

 극단적 역할 한 부분이 과거로부터 부담을 가져오거나 보호자

가 유배자를 보호하려고 노력하기 때문에 일어나는 역기능적
이거나 문제를 일으키는 역할.

소방관 유배자의 고통이 일어날 때 그 고통을 마비시키거나
내담자를 고통으로부터 전환시키기 위해 충동적으로 반작용하
게 하는 보호자의 한 유형.

건강한 역할 부분이 부담이 없을 때 하는 자연적인 기능으로서
의 역할.

내면 대화 전적으로 내담자의 내면에서 일어나는 통합 대화의
한 형태. 부분들은 내면의 공간에서 서로 이야기하고, 내담자
는 그 이야기들을 치료사에게 보고한다.

관리자 유배자들의 고통이 의식에서 다시는 발생하지 않도록
한 사람의 삶과 정신세계를 사전적으로 정리하고 준비하는 보
호자의 한 유형.

일방적인 양극화 한 부분이 다른 부분을 공격하지만 다른 부분
은 반격지 않는 상황.

부분 자신의 느낌들, 관점들, 믿음들, 동기들 그리고 기억들을
가지고 있는 하위 인격체.

양극화 어느 특별한 상황에서 사람이 어떻게 느끼고 행동하는지에 대해 둘 또는 그 이상의 부분들이 갈등하고 있는 하나의 역동적인 상황.

긍정적 의도 역할의 노력의 결과가 부정적인 것이라 할지라도, 한 부분이 자신의 역할을 하도록 하는 동기화하는 밑에 깔려 있는 협조적이고 보호적인 목표.

보호자 일어나고 있는 고통을 차단하거나, 해로운 사건이나 괴로운 관계들로부터 내담자를 보호하려고 노력하는 부분.

역할 내담자를 도우려고 부분이 실행하는 일. 이는 기본적으로는 내면적일 수 있으나, 또는 부분이 내담자가 사람들과 상호작용하고 이 세상에서 행동하는 방법을 포함할 수 있다.

자기 한 사람의 참 자기 또는 영적 중심인 한 개인의 핵심 국면. 자기는 여유롭고, 개방적이고, 사람과 다른 것들을 수용한다. 자기는 호기심이 많고, 연민의 정이 있고, 침착하며, 다른 사람과 그 사람의 부분들과 연결하는 데 관심이 있다.

표적 부분 그 사람이 그 순간에 초점을 맞추고 있는 부분.

기점(트레일 헤드) 하나 또는 그 이상의 부분이 만약 그대로 하면 치유가 일어날 수 있는 심리학적 문제.

분화 한 사람과의 융합에서 분리됨으로써 그 사람이 자기에 존재할 수 있는 것.

부담 내려놓기 IFS 과정에서 자기가 내면 의식을 통하여 유배자가 그 부담들을 내려놓도록 도와주는 단계.

목격하기 IFS 과정에서 자기가 어느 한 부분이 지닌 부담들이 생겨나게 한 어린 시절의 근원을 목격하는 단계.

부록 C_관리자와 소방관

...

이 책은 기본적으로 양극화에 대한 것이지만 두 가지 이유에서 관리자와 소방관을 여기 부록에 포함시켰다. 첫째, 이러한 두 유형의 보호자는 자주 양극화되어 대립한다. 따라서 이들을 이해하는 것이 양극화 해결에 도움이 된다. 둘째, 이 책은 나의 저서인 『Self-Therapy』의 후속 저서인데 그 책에서는 이러한 특성을 설명하지 않았기 때문이다.

관리자와 소방관은 서로 다른 유형의 IFS 보호자다. 관리자는 유배자의 고통이 결코 촉발되지 않도록 한 사람의 삶과 정신세계를 관리하려고 노력한다. 예를 들어, 빌에게는 그가 거절당할 것이라는 두려움 때문에 여자에게 접근하는 것을 막으려고 노력하는 관리자가 있다.

소방관은 유배자가 촉발되면 자동으로 반응을 보인다. 유배자의 고통을 억누르거나 관심을 다른 곳으로 돌리려고 시도한다. 소방관이 촉발되면 내담자는 일어나려고 하는 고통을 알아차리지 못할 수 있다. 단지 소방관의 반응만을 경험할 수 있다. 예를 들어, 빌이 관리자를 충분히 진정시켜서 산드라에게 데이

트를 신청했을 때 그녀의 반응으로부터 그녀가 빌과 데이트를
원치 않았다는 것이 확실해졌다. 이것은 자신이 거절당했다는
것을 느꼈던 유배자의 고통을 불러일으키기 시작했으나 빌은
바로 음주를 시작했기 때문에 알아차리지 못했다. 빌의 알코올
소방관이 너무 빨리 나왔기 때문에 유배자의 고통을 느끼지도
못했다. 음주가 빌을 마비시켰다.

관리자는 사전 대책을 강구하고, 소방관은 반응을 보인다. 관
리자는 고통을 피하기 위해서 치밀하게 행동한다. 예를 들면,
빌을 매력적인 여자로부터 멀리하려고 노력한다. 소방관은 흔
히 마비시키거나 중독적인 행동을 하면서 고통을 의식하지 못
하도록 충동적으로 반응한다. 만일 당신이 한 사람의 내부 가
족 내에서 관리자를 성인으로 그리고 유배자를 어린아이로 생
각한다면 소방관은 유배자의 고통의 불을 끄기 위해 충동적으
로 반응하는 십 대 청소년이다.

1. 소방관

많은 사람에게서 관리자는 소방관보다 훨씬 보편적이다. 그
리고 우리가 보호자를 생각할 때면 일반적으로 생각하는 부분
이 관리자다. 이 장의 나머지 부분은 소방관의 특성 그리고 함
께 작업하는 방법에 초점을 맞출 것이다.

소방관은 유배자로부터 분출되는 고통의 불길을 진화하는 임

무를 맡고 있다. 실제 상황에서의 소방관은 때로는 자신의 안녕에 대한 걱정을 뒤로하고 위험한 상황에 뛰어든다. 9·11 사태의 경우 자신의 생명에 대한 걱정을 하지 않고 고층 빌딩으로 뛰어든 소방관을 생각해 보라. 우리 내부의 소방관도 우리의 안녕을 위한다는 점에서 비슷하다. 그들은 다가오는 고통을 마비시키거나 수습하기 위해 어떤 일이라도 할 것이다. 그들은 고통이 압도할 상황이 두렵기 때문에 그들의 행동이 가져올 수 있는 파괴적인 결과에 대해서는 무시한다. 고통을 피하기 위해서라면 어떤 일이라도 한다!

다음은 흔히 소방관에 의해 촉발되는 행동들이다. 약물이나 알코올 남용, 성적 일탈, 과식, 충동적인 쇼핑, 도박 그리고 다른 중독 행동들. 소방관은 또한 분노, 해리, 계속적인 수면, 도망가기, 두문불출, 스릴을 즐기는 행동 등을 초래한다. 더욱 일반적으로 소방관이 사용하는 방법으로는 독서, 텔레비전 보기, 두통 등이 있다.

물론 이상의 행동들이 모두 항상 소방관에 의해 발생하는 것은 아니지만, 거의 모든 행동과 느낌이 소방관에 의해 유발될 수 있다. 결정적인 문제는 그러한 상황이 지속적이고 미리 대책을 강구하는 행동이냐(관리자), 아니면 유배자의 고통에 대한 충동적인 반응(소방관)이냐다.

2. 소방관과 작업하기

소방관은 관리자보다 덜 언어적이다. 이 점은 그들이 단어로 의사소통하지 않거나 내부 대화로 반응을 얻는 것이 어려울 수 있다는 것을 의미한다. 소방관은 또한 협상하기도 어렵다. 그들은 단지 자신의 역할을 수행하기를 원할 뿐이다. 이것은 내담자가 방향 감각을 잃어버리게 한다든가 멍하게 백일몽을 꾸게 한다든가 수면에 빠지게 한다든가 하는 분열성의 소방관의 경우에 특히 그렇다. 사실 내담자가 분리되면 그러한 것이 자동적인 신체 반응으로 나타나기 때문에 이 반응을 자신의 어떤 부분 때문이라고 믿기 어렵다. 당신이 내담자가 소방관에게 질문하도록 함으로써 분리된 소방관과 작업을 처음 시도할 경우, 내담자는 그 부분으로부터 언어적 반응을 얻지 못할 수 있다.

그러나 포기하지 마라. 당신이 내담자가 분리된 소방관에게 접근하고 알아 가도록 상당 시간 도움을 주면 대개는 소방관이 나타나고 응답하며 결국에는 대화에 참여하게 될 것이다.

당신은 내담자가 소방관에게 질문을 너무 많이 하기보다는 단지 소방관과 함께하도록 돕는 데 더 많은 시간을 보내야 한다. 내담자가 소방관의 신뢰를 얻도록 도움을 주어라. 소방관이 저항적일 경우 내담자에게 응답하도록 몰아대지 마라. 인간을 무서워하는 야생동물에 대해 인내심을 가지고 접근하는 방법으로 내담자에게 소방관과 어울리도록 격려만 하라. 소방관

은 서서히 자신을 드러낼 수 있을 정도로 내담자(그리고 당신)를
신뢰하기 시작할 것이다.

3. 자기에 접근하기

소방관은 수시로 파괴적이 되고 의사소통이 어렵기 때문에
내담자가 소방관과의 관계에서 진정으로 자기주도로 임하기는
어려울 수 있다. 이러한 상황을 소방관들의 긍정적인 의도, 즉
내담자를 보호하고 도우려고 노력하는 것을 믿기 어렵게 한다.
그러나 소방관은 내담자를 참을 수 없는 고통으로부터 보호하
기 위해 결정적으로 중요하다고 생각하는 행동을 하게끔 한다
는 것을 기억하라.

내담자의 소방관과 작업하기 위해서는, 먼저 당신이 소방관에
대해서 자기주도가 되어야 한다. 단지 저변에 깔려 있는 유배자
에게 다가가기 위해 지나치는 것이 아니라 소방관에 대해 진심
으로 관심을 가지고 알아 가야 한다. 소방관이 얼마나 큰 혼란
을 일으키는지를 고려해 볼 때 상상할 수는 없겠지만 소방관은
진정으로 내담자를 보호하기 위해 노력하고 있다는 것을 기억
하라. 만약 소방관에 대해 싫어하는 부분이나 제거하기를 원하
는 부분이 있으면 당신이 소방관을 진심으로 환영하고 알아 갈
수 있도록 그 부분들에게 진정하도록 요구하라.

일단 당신이 자기주도가 되면, 내담자를 자기주도로 임할 수

있게 도와줘라. 이와 관련해서는 소방관에 대한 약간의 교육이 필요하다. 내담자에게 소방관은 단지 육체적 반응이 아니라 실제로 자신의 한 부분임과 내담자에게 일어나는 고통으로부터 보호하려고 노력하고 있다는 내용을 설명하는 것이다.

당신은 소방관을 싫어하고 제거하려고 하는 내담자의 다른 부분에 대해 흔히 작업해야 할 필요가 있을 것이다. 나는 이러한 부분들이 소방관에 대해 걱정하기 때문에 '걱정하는 부분 (concerned parts)'이라고 부른다. 그들에게 옆으로 비켜서라고 요구하기 전에 걱정하는 부분을 확실하게 인정해 주어라. 거의 모든 소방관이 매우 파괴적임을 고려해 볼 때 내담자가 소방관에 대해 부정적인 느낌을 가지고 있다는 것은 충분히 이해할만 하다. 따라서 이러한 부분의 걱정을 먼저 인정해 주고 나서, 더욱 열린 공간에서 소방관을 알아 갈 수 있도록 내담자가 그 부분들에게 옆으로 비켜서 달라고 요구하게 하라. 이렇게 하면 내담자는 소방관의 긍정적인 의도를 발견하고 신뢰 관계를 발전시켜 갈 수 있도록 하며, 이는 전체적인 치료 과정에서 중요한 단계가 된다.

말썽꾸러기 소방관을 알아 감으로써 얻을 수 있는 것이 많다는 것을 기억하라. 소방관들은 내담자의 삶에서 심각한 문제를 일으키는 행동을 하곤 한다. 그리고 우리의 내담자들은 소방관이 변화하는 것을 돕도록 소방관과 연결될 필요가 있다. 단순히 지나치려 하지 마라. 순수한 마음으로 시간을 내어 소방관에 초점을 맞추고 이해하도록 하라. 그리고 특히 내담자가 소방관과 신뢰 관계를 발전시켜 나가도록 도와줘라. 이 작업은 유배자를 알아차리고 치료하는 것과 똑같이 중요하다.

소방관은 희망에 특별히 반응한다. 일단 소방관이 그 역할을 하는 이유를 당신이 이해하고 나면 그 부분에게 가능한 새로운 역할에 대해 물어보는 것이 도움이 될 수 있다. 내담자에게 다음과 같이 질문하게 하라. "우리가 당신이 보호하고 있는 유배자를 치유한다면 여전히 당신의 역할을 할 필요가 있을까요?" "만일 당신이 그 일을 할 필요가 없다면 무슨 일을 하겠습니까?" 이것은 소방관에게 고착된 것으로 느끼는 역할로부터 자유로워질 수 있다는 희망을 준다. 그리고 소방관이 보호하고 있는 유배자에 대해 당신이 작업하는 것을 허락하는 동기를 제공한다.

찾아보기

· · ·

저자 소개

Jay Earley

심리학자, 집단지도자, 심리치료사 그리고 교사이자 이론가다. 특히 내면가족체계(IFS) 치료 전문가이며, 패턴 시스템 이론의 창시자다. 『Self-Therapy』를 포함하여 『Interactive Group Therapy』 『Resolving Inner Conflict』 『Freedom From Your Inner Critic』 등 수많은 전문서적을 저술하였다.

 ## 역자 소개

최태산(Choi Tae-San)

텍사스 주립대학교 대학원 심리학과 석사
전남대학교 대학원 교육학과 박사
현 동신대학교 상담심리학과 교수
    AP 한국본부 Trainer
    게슈탈트 심리치료 전문가
    한국상담심리학회 상담심리전문가
    한국상담학회 상담심리전문가 및 슈퍼바이저
    한국 학교상담학회 회장
    전국 재난심리지원 연합 회장

이성용(Lee Sung-Yong)

서울대학교 문리과대학 사학과 학사
중앙대 사회개발대학원 사회복지학과 석사
동신대학교 대학원 상담심리학과 박사과정
전 한국경제신문사 사업국장
    초당대학교 겸임교수
현 고구려대학교 강사
    사회복지법인 해남등대원 이사장
    참 자기 상담심리연구소 대표

기채영(Kee Chae-Young)

전남대학교 대학원 교육학과(상담심리전공) 박사
현 광신대학교 상담치료대학원 겸임교수
    참 성장 심리상담센터 상담실장
    AP 부모교육 강사
    한국학교상담학회 이사
    한국부모놀이치료학회 놀이상담사

박지현(Park Ji-Hyun)

동신대학교 상담심리학과 박사 수료
현 광주교육대학교 강사
    참 성장 심리상담센터 상담실장
    한국상담학회 2급 전문상담사

조미정(Cho Mee-Jung)

동신대학교 상담심리학과 박사
현 동신대학교 겸임교수
    참 성장 심리상담센터 소장
    한국상담학회 1급 전문상담사
    한국놀이치료학회 놀이치료사

조정숙(Cho Jung-Suk)

동신대학교 상담심리학과 박사 수료
현 참 성장 심리상담센터 예술치료실장
    KDTA-공인무용동작치료사

혼란에 빠진 자신을 바로잡기 위한

내부 갈등 해결하기

Resolving Inner Conflict: Working Through Polarization Using
Internal Family Systems Therapy

2015년 1월 5일 1판 1쇄 인쇄
2015년 1월 15일 1판 1쇄 발행

지은이 • Jay Earley
옮긴이 • 최태산 · 이성용 · 기채영 · 박지현 · 조미정 · 조정숙
펴낸이 • 김진환
펴낸곳 • (주)**학지사**
　　　　121-838 서울특별시 마포구 양화로 15길 20 마인드월드빌딩
대표전화 • 02)330-5114　　　팩스 • 02)324-2345
등록번호 • 제313-2006-000265호

홈페이지 • http://www.hakjisa.co.kr
커뮤니티 • http://cafe.naver.com/hakjisa

ISBN 978-89-997-0570-0 03180

Korean Translation Copyright ⓒ 2015 by Hakjisa Publisher, Inc.

정가 13,000원

인터넷 학술논문 원문 서비스 **뉴논문** www.newnonmun.com

이 도서의 국립중앙도서관 출판시도서목록(CIP)은 서지정보유통지
원시스템 홈페이지(http://seoji.nl.go.kr)와 국가자료공동목록시스템
(http://www.nl.go.kr/kolisnet)에서 이용하실 수 있습니다.
(CIP 제어번호: CIP2014034895)